수험번호	
성명	

JN395845

실전모의고사
1회

시작과 종료 시각을 정한 후, 실전처럼 모의고사를 풀어보세요.

• 수리　　　시　　분 ~　　시　　분 (총 20문항/30분)

• 추리　　　시　　분 ~　　시　　분 (총 30문항/30분)

□ **시험 유의사항**

GSAT는 다음과 같이 영역별 제한 시간이 있습니다. 본 모의고사의 마지막 페이지에 있는 문제풀이 용지와 해커스ONE 애플리케이션의 학습 타이머를 이용하여 실전처럼 모의고사를 풀어본 후, p.35의 '바로 채점 및 성적 분석 서비스' QR코드를 스캔하여 응시 인원 대비 본인의 성적 위치를 확인해보시기 바랍니다.

영역	문항 수	시간
수리	20문항	30분
추리	30문항	30분

※ 2024년 하반기 GSAT 기준

수리

총 20문항/30분

▶ 해설 p.4

01. **Z 제품 1개를 만드는 데 A 부품은 2kg, B 부품은 4kg이 필요하다. Z 제품 30개의 원가는 84,000원이고, B 부품은 1kg당 400원일 때, A 부품의 1kg당 가격은?** (단, Z 제품을 만드는 데 필요한 부품은 A 부품과 B 부품뿐이다.)

① 300원 ② 400원 ③ 500원 ④ 600원 ⑤ 700원

02. **갑, 을, 병, 정 4명은 월요일부터 금요일까지 5일 동안 서로 다른 요일에 최소 한 번 이상 회의를 진행한다. 회의는 매일 한 번씩만 진행되고 1명만 회의를 두 번 진행할 때, 가능한 경우의 수는?**

① 60가지 ② 80가지 ③ 120가지 ④ 150가지 ⑤ 240가지

해커스

GSAT

삼성직무적성검사

빠르게 끝내는 봉투모의고사

실전모의고사

1회

해커스

03. 다음은 A 국의 연도별 반도체 및 디스플레이 산업 동향에 대한 자료이다. 다음 중 자료에 대한 설명으로 옳지 않은 것을 고르시오.

[연도별 반도체 및 디스플레이 산업 동향]

구분		2020년	2021년	2022년	2023년	2024년
반도체	생산액(조 원)	69	66	103	143	134
	시장점유율(%)	17	17	22	24	18
	수출액(억 불)	629	622	979	1,267	939
디스플레이	생산액(조 원)	44	68	79	73	68
	시장점유율(%)	45	46	45	43	40
	수출액(억 불)	297	251	274	247	205

① 제시된 기간 동안 디스플레이 생산액이 다른 해에 비해 가장 많은 해에 디스플레이 수출액은 250억 불 이상이다.

② 2024년 반도체 시장점유율은 전년 대비 6% 감소하였다.

③ 2023년 반도체와 디스플레이 시장점유율의 전년 대비 증감 추이는 서로 반대이다.

④ 제시된 기간 동안 반도체 수출액이 다른 해에 비해 가장 많은 해에 반도체 수출액은 디스플레이 수출액의 5배 이상이다.

⑤ 2022년 반도체 수출액의 전년 대비 증가율은 55% 이상이다.

04. 다음은 Z 지역의 2024년 기관별 통계인력 수에 대한 자료이다. 다음 중 자료에 대한 설명으로 옳지 않은 것을 고르시오.

[학력별 통계인력 수]

(단위: 명)

구분	고졸 이하	학사과정 졸업	석·박사과정 수료·졸업
정부기관	960	3,100	768
중앙행정기관	925	2,800	720
지방자치단체	35	300	48
시·도	5	50	30
시·군·구	30	240	10
시·도 교육청	0	10	8
지정기관	35	335	230

[전공별 통계인력 수]

(단위: 명)

구분	A 전공	B 전공	C 전공	D 전공	기타
정부기관	1,226	432	1,200	640	370
중앙행정기관	1,150	400	1,070	580	320
지방자치단체	76	32	130	60	50
시·도	30	6	25	14	5
시·군·구	40	25	100	40	45
시·도 교육청	6	1	5	6	0
지정기관	135	180	170	50	30

※ 1) 전공별 통계인력 수는 학력이 학사과정 졸업 이상인 통계인력을 대상으로 조사함
2) 정부기관=중앙행정기관+지방자치단체
3) 지방자치단체=시·도+시·군·구+시·도 교육청

① 지방자치단체의 통계인력 중 학력이 학사과정 졸업 이상인 통계인력은 학력이 고졸 이하인 통계인력의 9배 이상이다.

② 시·군·구의 D 전공인 통계인력 대비 지방자치단체의 D 전공인 통계인력의 비율은 1.5이다.

③ 제시된 모든 기관에서 학력이 학사과정 졸업 이상인 통계인력은 4,433명이다.

④ 정부기관과 지정기관의 통계인력 차이는 A 전공이 C 전공보다 크다.

⑤ 학력이 학사과정 졸업 이상인 정부기관의 통계인력에서 중앙행정기관의 B 전공인 통계인력이 차지하는 비중은 10% 미만이다.

05. **다음은 S 지역의 연도별 접수 우편 물량과 인구수에 대한 자료이다. 제시된 기간 동안 S 지역의 인구수가 가장 많은 해에 인구 1인당 평균 접수 우편 물량은 약 얼마인가?** (단, 소수점 첫째 자리에서 반올림하여 계산한다.)

[연도별 접수 우편 물량]

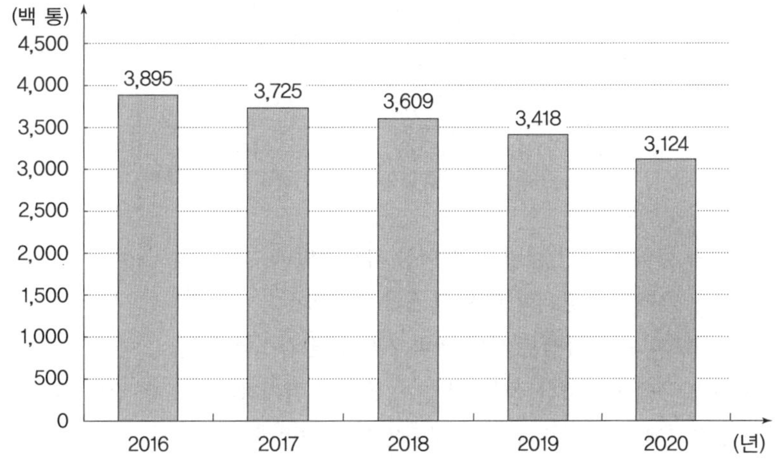

[연도별 인구수]

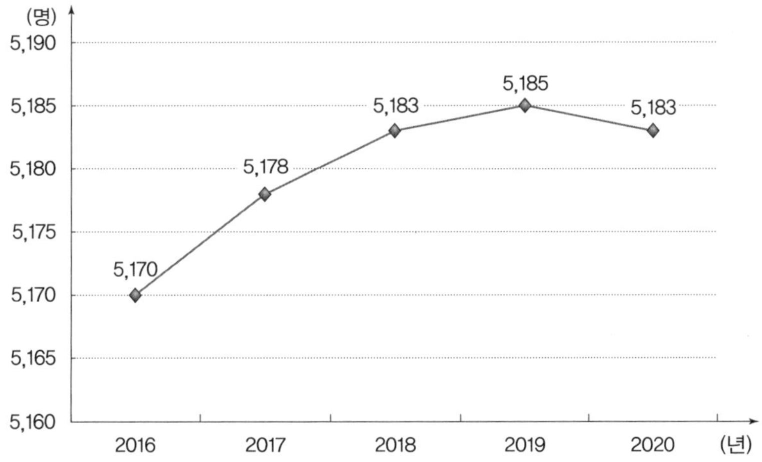

① 60통 ② 66통 ③ 69통 ④ 72통 ⑤ 75통

06. 다음은 S 국의 위반 법규별 외환 사범 단속 금액에 대한 자료이다. 다음 중 자료에 대한 설명으로 옳지 않은 것을 고르시오.

[위반 법규별 외환 사범 단속 금액]

(단위: 억 원)

구분	2020년	2021년	2022년	2023년	2024년
전체	40,041	30,508	34,461	7,189	13,495
일반	38,285	27,888	31,832	6,524	13,256
재산국외도피	1,081	2,508	1,707	363	84
자금세탁	675	112	922	302	155

① 2023년 전체 단속 금액은 전년 대비 80% 이상 감소하였다.

② 2021년 일반 단속 금액은 자금세탁 단속 금액의 249배이다.

③ 2024년 재산국외도피 단속 금액은 전년 대비 279억 원 감소하였다.

④ 2021년 전체 단속 금액에서 재산국외도피 단속 금액이 차지하는 비중은 전년 대비 증가하였다.

⑤ 2022~2024년 연도별 일반 단속 금액의 평균은 17,000억 원 이상이다.

07. 다음은 2024년 상반기 영업팀 사원별 계약 건수에 대한 자료이다. 2024년 상반기 A 사원과 C 사원의 월평균 계약 건수의 차이는?

[영업팀 사원별 계약 건수]

(단위: 건)

구분	1월	2월	3월	4월	5월	6월
A 사원	78	67	69	99	83	90
B 사원	86	101	92	80	92	83
C 사원	67	93	88	77	86	87
D 사원	59	62	71	75	98	109

① 2건　② 4건　③ 6건　④ 8건　⑤ 10건

08. 다음은 Z 국의 분기별 대외채무 및 대외채권에 대한 자료이다. 다음 중 자료에 대한 설명으로 옳은 것을 고르시오.

[분기별 대외채무 및 대외채권]

(단위: 억 달러)

구분	2023년 1분기	2023년 2분기	2023년 3분기	2023년 4분기	2024년 1분기
대외채무	5,700	6,072	6,149	6,324	6,541
단기채무	1,649	1,761	1,635	1,647	1,749
대외채권	10,364	10,633	10,782	10,803	10,798
순채권	4,664	4,562	4,633	4,479	4,257

[분기별 외환보유액 대비 단기채무 비중]

(단위: %)

구분	2023년 1분기	2023년 2분기	2023년 3분기	2023년 4분기	2024년 1분기
외환보유액 대비 단기채무 비중	37.0	30.0	35.2	35.6	38.2

① 제시된 기간 동안 대외채권 금액이 가장 많은 분기에 대외채무 금액도 가장 많다.

② 2024년 1분기 순채권은 전년 동 분기 대비 10% 이상 감소하였다.

③ 2023년 분기별 단기채무 금액의 평균은 1,650억 달러 미만이다.

④ 2023년 2분기 외환보유액은 5,500억 달러 이상이다.

⑤ 2024년 1분기 외환보유액 대비 단기채무 비중은 전년 동 분기 대비 2.6%p 증가하였다.

09. 다음은 A 지역의 연도별 에너지 과잉 섭취 인구 분율에 대한 자료이다. 다음 중 자료에 대한 설명으로 옳지 않은 것을 고르시오.

[연도별 에너지 과잉 섭취 인구 분율]

(단위: %)

구분		2019년	2020년	2021년	2022년	2023년	2024년
전체		23.6	21.4	19.7	18.5	17.5	15.9
성별	남자	27.7	26.1	23.9	22.0	21.0	18.8
	여자	19.3	16.4	15.4	14.8	13.8	12.9
지역	동지역	23.4	21.1	19.6	18.4	17.3	15.9
	읍면지역	25.0	22.6	20.5	18.4	18.5	16.4
연령층	1~2세	22.7	30.3	32.0	34.3	31.1	27.0
	3~5세	13.6	20.0	19.7	12.7	16.4	17.8
	6~11세	34.5	25.6	23.1	16.1	17.7	17.8
	12~18세	21.6	15.8	15.8	18.0	15.8	9.7
	19~29세	22.7	19.6	15.1	16.1	17.2	11.0
	30~49세	24.0	23.6	22.3	19.5	18.5	18.8
	50~64세	24.4	22.0	19.6	20.4	17.1	17.4
	65세 이상	19.2	15.1	16.6	15.6	12.0	11.6

※ 에너지 과잉 섭취 인구 분율은 에너지 섭취량이 에너지 필요 추정량의 125% 이상인 분율을 의미함

① 2020년 이후 동지역의 에너지 과잉 섭취 인구 분율은 매년 전년 대비 감소하였다.

② 제시된 기간 동안 3~5세의 에너지 과잉 섭취 인구 분율이 다른 해에 비해 가장 높은 해는 2020년이다.

③ 제시된 기간 동안 매년 남자의 에너지 과잉 섭취 인구 분율은 여자의 에너지 과잉 섭취 인구 분율보다 6%p 이상 더 높다.

④ 제시된 연령층 중 2020년 전체 에너지 과잉 섭취 인구 분율보다 에너지 과잉 섭취 인구 분율이 낮은 연령층은 총 4개이다.

⑤ 2024년 전체 에너지 과잉 섭취 인구 분율은 5년 전 대비 30% 이상 감소하였다.

[10 – 11] 다음은 P 국의 기업 규모별 수출액에 대한 자료이다. 각 물음에 답하시오.

[기업 규모별 수출액]

(단위: 천만 달러)

구분	2019년	2020년	2021년	2022년	2023년
총수출액	50,000	55,000	49,500	39,600	49,500
중소기업	9,894	10,520	10,093	10,000	11,500
중견기업	9,000	10,358	9,307	8,000	11,200
대기업	31,000	34,000	30,000	21,474	26,675
기타	106	122	100	126	125

10. 다음 중 자료에 대한 설명으로 옳은 것을 고르시오.

① 2022년 중견기업 수출액은 전년 대비 15% 미만 감소하였다.
② 2021년 총수출액에서 대기업 수출액이 차지하는 비중은 65% 이상이다.
③ 2023년 총수출액은 4년 전 대비 5,500천만 달러 감소하였다.
④ 2020년 이후 중소기업 수출액과 기타 수출액의 전년 대비 증감 추이는 서로 동일하다.
⑤ 2019년 대기업 수출액은 기타 수출액의 290배 미만이다.

11. 다음은 연도별 총수출액의 전년 대비 증감률을 나타낸 자료이다. 2024년 총수출액은?

[연도별 총수출액 증감률]

(단위: %)

구분	2020년	2021년	2022년	2023년	2024년
증감률	10	−10	−20	25	20

① 44,550천만 달러 ② 47,520천만 달러 ③ 57,400천만 달러
④ 59,400천만 달러 ⑤ 61,875천만 달러

[12 - 13] 다음은 A 지역의 2024년 연령대별 구직신청 건수와 학력별 구직신청 건수에 대한 자료이다. 각 물음에 답하시오.

[2024년 연령대별 구직신청 건수]

(단위: 백 건)

구분	합계	1분기	2분기	3분기	4분기
20대 이하	2,480	740	640	590	510
30대	1,950	520	490	460	480
40대	2,000	540	500	470	490
50대	1,990	520	470	480	520
60대 이상	1,820	600	370	400	450

[2024년 학력별 구직신청 건수]

(단위: 백 건)

구분	합계	중졸 이하	고졸	전문대졸	대졸 이상	기타
남자	4,390	600	1,900	680	1,200	10
여자	5,850	880	2,330	1,130	1,350	160

12. 다음 중 자료에 대한 설명으로 옳지 않은 것을 고르시오.

① 2024년 1~4분기 분기별 30대 구직신청 건수의 평균은 490백 건 미만이다.

② 2024년 50대 이상 구직신청 건수는 3분기가 4분기보다 80백 건 더 적다.

③ 2024년 중졸 이하 학력의 남자 구직신청 건수 대비 여자 구직신청 건수의 비율은 1.5 미만이다.

④ 2024년 2분기 이후 30대 구직신청 건수의 직전 분기 대비 증감 추이와 매 분기 증감 추이가 같은 연령대는 1개뿐이다.

⑤ 성별로 기타를 제외하고 2024년 구직신청 건수가 많은 학력부터 순서대로 나열하면 그 순위는 남자와 여자가 동일하다.

13. 다음 중 자료에 대한 설명으로 옳은 것을 모두 고르시오.

a. 2024년 40대 구직신청 건수에서 2분기 40대 구직신청 건수가 차지하는 비중은 25%이다.
b. 2024년 1분기 대비 2분기 60대 이상 구직신청 건수의 감소율은 40% 미만이다.
c. 학력별 남자와 여자의 구직신청 건수 차이가 가장 큰 학력은 전문대졸이다.

① a ② c ③ a, b ④ b, c ⑤ a, b, c

[14 – 15] 다음은 20X4년 학교급별 사교육비 총액을 나타낸 자료이다. 각 물음에 답하시오.

[학교급별 사교육비 총액]

(단위: 억 원)

구분		전체	초등학교	중학교	고등학교
총계		234,159	105,279	63,479	65,400
대도시	합계	106,222	46,646	28,300	31,275
	서울	52,389	22,693	13,251	16,445
	광역시	53,833	23,953	15,049	14,830
대도시 외	합계	127,937	58,633	35,179	34,125
	중소도시	102,006	45,670	28,156	28,180
	읍면지역	25,931	12,963	7,023	5,945

14. 다음 중 자료에 대한 설명으로 옳은 것을 모두 고르시오.

a. 중소도시 초등학교 사교육비와 읍면지역 초등학교 사교육비의 차이는 32,707억 원이다.
b. 전체 사교육비 중 대도시 사교육비가 차지하는 비중은 45% 이상이다.
c. 대도시 외 중학교 사교육비는 대도시 중학교 사교육비의 1.5배 이상이다.

① a ② b ③ a, b ④ a, c ⑤ a, b, c

15. 다음은 전체 고등학교의 학교 유형별 사교육비 총액 비중에 대한 자료이다. 일반 고등학교의 사교육비 총액은?

[전체 고등학교 학교 유형별 사교육비 총액 비중]

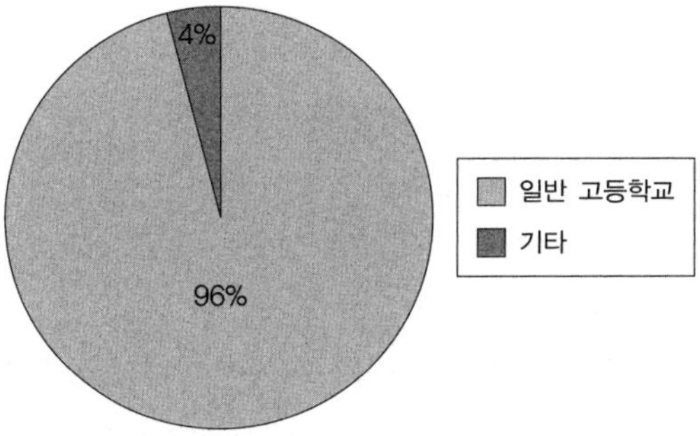

① 61,574억 원 ② 62,784억 원 ③ 63,123억 원 ④ 64,283억 원 ⑤ 65,631억 원

[16 - 17] 다음은 도시별 회사 수 및 매출 총액에 대한 자료이다. 각 물음에 답하시오.

[도시별 회사 수 및 매출 총액]

(단위: 개, 조 원)

구분		2018년	2019년	2020년	2021년	2022년	2023년	2024년
A	회사 수	760	1,135	1,078	1,178	1,308	1,420	1,535
	매출 총액	118	78	146	448	218	308	296
B	회사 수	1,806	1,822	1,789	1,786	1,834	1,920	1,965
	매출 총액	1,237	1,148	1,200	1,305	1,335	1,536	1,600
C	회사 수	1,685	1,698	1,705	1,741	1,802	1,862	1,882
	매출 총액	815	796	995	1,041	1,194	1,072	1,323
D	회사 수	1,922	1,987	2,040	2,111	2,204	2,268	2,356
	매출 총액	1,445	1,510	1,889	1,572	1,717	2,365	2,649
E	회사 수	1,564	1,573	1,620	1,695	1,770	1,804	1,798
	매출 총액	393	444	726	777	1,052	623	974

16. 다음 중 자료에 대한 설명으로 옳은 것을 모두 고르시오.

a. 2020년 C 도시의 매출 총액은 전년 대비 25% 증가하였다.
b. 제시된 기간 동안 회사 수와 매출 총액이 매년 가장 많은 도시는 모두 D 도시이다.
c. 2019년 이후 E 도시의 회사 수와 매출 총액의 전년 대비 증감 추이는 서로 동일하다.

① a ② b ③ c ④ a, b ⑤ a, b, c

17. 다음 중 자료에 대한 설명으로 옳지 않은 것을 고르시오.

① 2024년 B 도시 매출 총액의 4년 전 대비 변화율은 35% 미만이다.
② 2020년 A 도시의 회사 수 대비 C 도시의 회사 수의 비율은 전년 대비 증가하였다.
③ 2022~2024년 연도별 E 도시 매출 총액의 평균은 883조 원이다.
④ 제시된 기간 동안 B 도시와 D 도시는 회사 수가 다른 해에 비해 가장 많은 해에 매출 총액도 다른 해에 비해 가장 많다.
⑤ 2021년 회사 1개당 평균 매출 총액은 A 도시가 E 도시보다 크다.

18. 다음은 학생 인원수 및 강의평가 점수에 따른 강사료를 나타낸 자료이다. 자료를 보고 A, B에 해당하는 값을 예측했을 때 가장 타당한 값을 고르시오.

[학생 인원수 및 강의평가 점수에 따른 강사료]

(단위: 명, 점, 원)

구분	1월	2월	3월	4월	5월
학생 인원수	13	18	15	20	17
강의평가 점수	65	55	70	75	80
강사료	1,333,800	(　　)	1,451,500	(　　)	1,701,700

※ 강사료 = $100 \times \{(\text{강의평가 점수} + A)^2 + \text{학생 인원수} + B\}$ (단, A는 양의 정수임)

	A	B
①	40	1,000
②	40	2,600
③	50	50
④	50	100
⑤	50	200

19. 다음은 S 제품의 연도별 판매액 및 이익에 대한 자료이다. 이를 바탕으로 2017년 이후 S 제품의 이익률을 바르게 나타낸 것을 고르시오.

[연도별 판매액 및 이익]

(단위: 억 원)

구분	2017년	2018년	2019년	2020년	2021년
판매액	755	738	729	726	732
이익	438	419	403	393	375

※ 이익률(%) = (이익/판매액) × 100

①
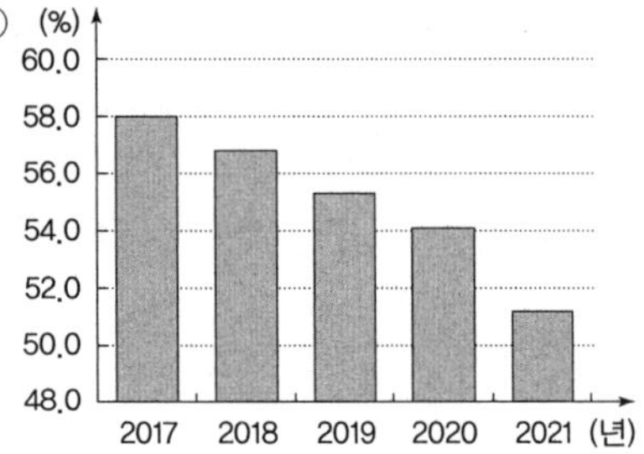

②
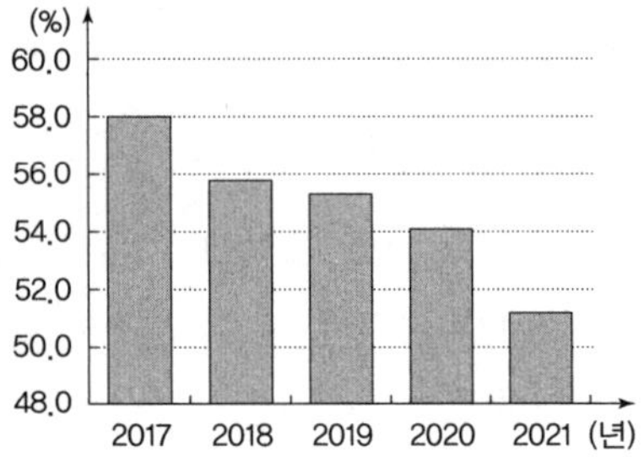

③
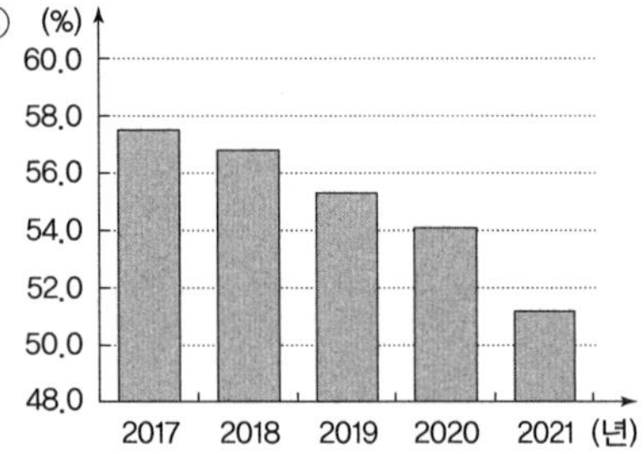

④
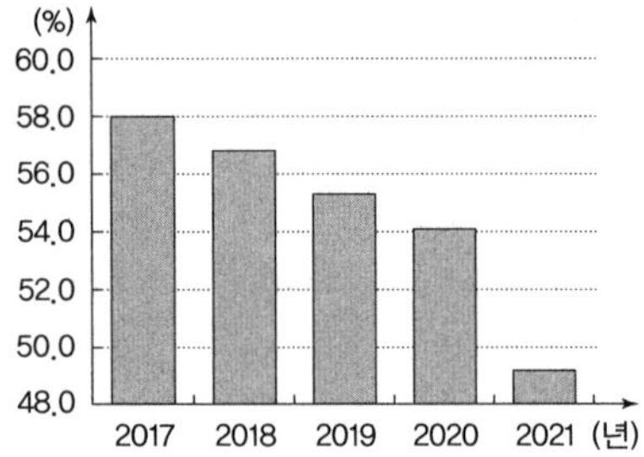

⑤
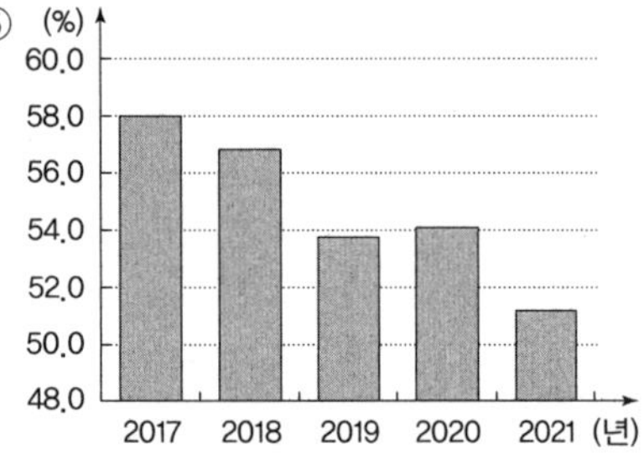

20. 다음은 A 회사와 B 회사의 영업이익을 나타낸 자료이다. 회사별 영업이익은 일정한 규칙으로 변화할 때, A 회사와 B 회사의 영업이익 차이가 5,000백만 원이 되는 해는?

[회사별 영업이익]

(단위: 백만 원)

구분	2020년	2021년	2022년	2023년	2024년
A 회사	3,300	3,600	3,900	4,200	4,500
B 회사	3,500	3,700	4,100	4,700	5,500

① 2028년 ② 2029년 ③ 2030년 ④ 2031년 ⑤ 2032년

약점 보완 해설집 p.4

추리

총 30문항/30분

▶ 해설 p.7

[01 – 02] 다음 전제를 읽고 반드시 참인 결론을 고르시오.

01.

전제	모든 사내 컴퓨터는 문서 보안이 가능하다.
	인트라넷이 설치된 모든 컴퓨터는 문서 보안이 가능하다.
결론	

① 인트라넷이 설치된 어떤 컴퓨터는 사내 컴퓨터이다.
② 인트라넷이 설치된 모든 컴퓨터는 사내 컴퓨터이다.
③ 인트라넷이 설치된 모든 컴퓨터는 사내 컴퓨터가 아니다.
④ 인트라넷이 설치되지 않은 어떤 컴퓨터는 사내 컴퓨터가 아니다.
⑤ 인트라넷이 설치되지 않은 모든 컴퓨터는 사내 컴퓨터가 아니다.

02.

전제	기획 업무 경험이 있는 모든 사람은 마케팅 업무 경험이 있다.
	마케팅 업무 경험이 있는 모든 사람은 영업 업무 경험이 있다.
결론	

① 기획 업무 경험이 있는 어떤 사람은 영업 업무 경험이 없다.
② 기획 업무 경험이 있는 모든 사람은 영업 업무 경험이 있다.
③ 기획 업무 경험이 있는 모든 사람은 영업 업무 경험이 없다.
④ 영업 업무 경험이 있는 어떤 사람은 기획 업무 경험이 없다.
⑤ 영업 업무 경험이 있는 모든 사람은 기획 업무 경험이 있다.

03. 다음 결론이 반드시 참이 되게 하는 전제를 고르시오.

전제	운동을 즐기는 모든 사람은 도보로 걸어 다닌다.
결론	운동을 즐기는 모든 사람은 텀블러를 들고 다닌다.

① 텀블러를 들고 다니는 어떤 사람은 도보로 걸어 다닌다.

② 텀블러를 들고 다니는 모든 사람은 도보로 걸어 다닌다.

③ 텀블러를 들고 다니지 않는 모든 사람은 도보로 걸어 다니지 않는다.

④ 도보로 걸어 다니는 모든 사람은 텀블러를 들고 다니지 않는다.

⑤ 도보로 걸어 다니는 어떤 사람은 텀블러를 들고 다닌다.

04. A, B, C, D, E, F, G 7명은 행사를 마친 후 연차가 높은 사람부터 순서대로 한 명씩 퇴장하고 있다. 다음 조건을 모두 고려하였을 때, 항상 거짓인 것을 고르시오.

- A와 C는 가장 먼저 퇴장하지 않는다.
- D와 E는 연달아 퇴장하지 않는다.
- B보다 먼저 퇴장하는 사람 수와 나중에 퇴장하는 사람 수는 동일하다.
- A와 C보다 먼저 퇴장하는 사람 수와 나중에 퇴장하는 사람 수는 모두 짝수이다.
- F는 연차가 가장 낮다.
- D는 연차가 가장 높지 않다.

① A는 E보다 나중에 퇴장한다.

② A는 C보다 먼저 퇴장한다.

③ D는 여섯 번째로 퇴장한다.

④ G는 두 번째로 퇴장한다.

⑤ D는 G보다 먼저 퇴장한다.

05. 같은 기업에 근무하고 있는 A~I 9명을 3개의 조로 배치하려고 한다. 다음 조건을 모두 고려하였을 때, 항상 거짓인 것을 고르시오.

- 9명은 각각 3명씩 1조, 2조, 3조에 배치된다.
- A, B, C, D는 생산팀, E, F, G는 품질팀, H, I는 안전관리팀에서 근무한다.
- B와 C는 같은 조에 배치된다.
- H는 2조에 배치되고, 안전관리팀에서 근무하는 사람과 같은 조에 배치되지 않는다.
- 품질팀에서 근무하는 사람은 모두 서로 다른 조에 배치된다.

① A와 H가 같은 조에 배치되면, B와 I는 같은 조에 배치된다.

② 안전관리팀에서 근무하는 사람은 모두 생산팀에서 근무하는 사람과 같은 조에 배치된다.

③ C가 1조에 배치되면, D는 2조에 배치된다.

④ A와 E가 같은 조에 배치되면, B와 G는 같은 조에 배치된다.

⑤ D가 3조에 배치되면, D와 I는 같은 조에 배치된다.

06. 같은 선반에 장비를 정리하려고 한다. 다음 조건을 모두 고려하였을 때, 항상 참인 것을 고르시오.

- A 장비, B 장비, C 장비는 각각 2개씩 있다.
- 각 행에는 최대 2개의 장비를 넣을 수 있다.
- C 장비는 서로 같은 행에 넣는다.
- B 장비 중 한 개는 3행 1열에 넣는다.
- 1행 3열과 2행 3열은 비워둔다.
- A 장비는 서로 같은 열에 넣는다.

	1열	2열	3열
1행			
2행			
3행			

① C 장비는 3행에 넣는다.

② A 장비는 1열에 넣는다.

③ B 장비와 C 장비는 같은 행에 넣는다.

④ B 장비 중 한 개는 1행에 넣는다.

⑤ C 장비 중 한 개는 A 장비를 넣는 열에 넣는다.

07. A, B, C, D, E, F 6명은 수영 강습을 수강한다. 다음 조건을 모두 고려하였을 때, 항상 거짓인 것을 고르시오.

- 수영 강습은 초급 코스, 중급 코스, 고급 코스로 나뉜다.
- 6명은 각 코스에 2명씩 배정된다.
- A는 D와 같은 코스를 수강한다.
- F는 초급 코스를 수강한다.
- C는 초급 코스를 수강하지 않는다.

① B가 중급 코스를 수강하면, C와 같은 코스를 수강한다.

② D가 고급 코스를 수강하면, C는 중급 코스를 수강한다.

③ C와 E가 같은 코스를 수강하면, B는 초급 코스를 수강한다.

④ B와 E는 같은 코스를 수강한다.

⑤ E와 F는 서로 다른 코스를 수강한다.

08. A, B, C, D 대리 4명이 갑, 을, 병, 정 사원 4명 중 서로 다른 한 명을 선택하여 멘토링을 진행하였다. 다음 조건을 모두 고려하였을 때, 항상 참인 것을 고르시오.

- 대리 4명의 근무 기간은 모두 다르며, 근무 기간이 긴 대리부터 순서대로 사원을 선택하였다.
- 정 사원은 가장 먼저 선택되었고, 을 사원은 두 번째로 선택되었다.
- B 대리보다 A 대리의 근무 기간이 더 길고, D 대리의 근무 기간은 가장 짧다.
- A 대리는 을 사원을 선택하지 않았다.

① 근무 기간이 두 번째로 긴 대리는 C이다.

② A 대리는 정 사원을 선택하였다.

③ D 대리가 갑 사원을 선택하였다면, 가능한 경우의 수는 1가지이다.

④ B의 근무 기간이 C의 근무 기간보다 짧으면, B 대리는 을 사원을 선택하였다.

⑤ B 대리가 병 사원을 선택하였다면, C 대리는 갑 사원을 선택하였다.

09. 갑은 A, B, C 냉장고의 상판과 하판 색상을 선택하려고 한다. 다음 조건을 모두 고려하였을 때, A 냉장고의 상판과 하판 색상으로 가능한 조합을 고르시오.

- 상판과 하판의 크기는 같으며, 흰색 판, 노란색 판, 분홍색 판이 각각 2개씩 준비되어 있다.
- B 냉장고의 하판은 흰색으로 선택한다.
- 상판과 하판의 색상을 동일하게 선택하는 냉장고는 C 냉장고뿐이다.
- A 냉장고와 B 냉장고의 상판 색상은 동일하지 않다.

	상판	하판
①	노란색	흰색
②	노란색	분홍색
③	분홍색	노란색
④	흰색	흰색
⑤	흰색	분홍색

10. 갑, 을, 병, 정, 무 5명은 2층짜리 건물에 거주한다. 1층에 거주하는 사람은 거짓, 2층에 거주하는 사람은 진실을 말할 때, 항상 참인 것을 고르시오.

- **갑**: 을은 거짓을 말하고 있어.
- **을**: 나는 2층에 거주해.
- **병**: 정은 거짓을 말하고 있어.
- **정**: 갑은 2층에 거주해.
- **무**: 병은 진실을 말하고 있어.

① 갑의 말이 진실이면, 무는 2층에 거주한다.

② 을의 말이 진실이면, 병은 1층에 거주한다.

③ 병이 1층에 거주하면, 갑의 말은 거짓이다.

④ 정이 1층에 거주하면, 병도 1층에 거주한다.

⑤ 무가 2층에 거주하면, 을도 2층에 거주한다.

11. 5층짜리 건물에 엘리베이터가 설치되어 있다. 다음 조건을 모두 고려하였을 때, 항상 거짓인 것을 고르시오.

- 엘리베이터는 1층부터 5층까지 한 번 운행했으며, 운행하는 동안 A~E 5명만 탑승하고 하차했다.
- 모든 사람은 탑승한 층과 하차한 층이 다르다.
- 1층, 2층, 4층에서는 각각 1명이 탑승했다.
- D는 5층에서 하차했다.
- A는 2층에서 탑승했고, 바로 다음 층에서 하차했다.
- B와 E는 같은 층에서 탑승했고, 같은 층에서 하차했다.
- 1층에서 탑승한 사람은 2층에서 하차했다.

① 3명이 하차한 층이 있다.

② 1층을 제외하고 1명도 하차하지 않은 층은 없다.

③ 5명 모두 탑승한 바로 다음 층에서 하차했다.

④ B가 하차한 층과 D가 탑승한 층은 같다.

⑤ E는 짝수 층에서 탑승했다.

12. 공굴리기 시합에 출전하는 선수 A, B, C, D, E, F의 출전 순서를 정하려고 한다. 공굴리기 시합은 각 팀에서 6명이 출전하여 2명씩 짝을 지어서 순서대로 반환점을 돌고 오는 릴레이 경기이다. 다음 중 같은 순번으로 출전할 수 있는 선수의 조합으로 옳지 않은 것을 고르시오.

- A와 C는 서로 다른 순번으로 출전한다.
- B는 E 또는 F와 같은 순번으로 출전한다.
- D는 첫 번째 순번으로 출전한다.

① A, D ② A, F ③ B, E ④ C, F ⑤ D, E

13. **A, B, C, D, E 5개의 팀은 매주 같은 회의실에서 회의를 진행한다. 다음 조건을 모두 고려하였을 때, 항상 거짓인 것을 고르시오.**

- 5개의 팀은 모두 같은 요일, 서로 다른 시간에 순차적으로 회의를 진행한다.
- D 팀은 세 번째로 회의를 진행하지 않았다.
- B 팀이 C 팀보다 먼저 회의를 진행했다.
- B 팀은 첫 번째로 회의를 진행한 팀이 아니다.
- A 팀, D 팀, E 팀은 회의 시간이 연속적이다.

① A 팀이 D 팀보다 늦게 회의를 진행했다.

② B 팀은 네 번째로 회의를 진행했다.

③ E 팀은 B 팀보다 먼저 회의를 진행했다.

④ C 팀보다 회의를 늦게 진행한 팀이 있다.

⑤ D 팀은 첫 번째로 회의를 진행하지 않았다.

14. **갑, 을, 병, 정, 무 5명은 같은 주에 휴가를 사용하려고 한다. 다음 조건을 모두 고려하였을 때, 항상 참인 것을 고르시오.**

- 휴가는 주말을 제외한 월요일~금요일 중 서로 다른 요일에 하루씩 사용한다.
- 무는 월요일과 금요일에 휴가를 사용하지 않는다.
- 갑과 정이 휴가를 사용하는 요일 사이에 2명이 휴가를 사용한다.
- 을은 병보다 먼저 휴가를 사용한다.

① 무가 수요일에 휴가를 사용하면, 을은 월요일에 휴가를 사용한다.

② 병이 목요일에 휴가를 사용하면, 무는 수요일에 휴가를 사용한다.

③ 정이 병보다 늦게 휴가를 사용하면, 무는 목요일에 휴가를 사용한다.

④ 갑과 을이 연달아 휴가를 사용하면, 가능한 경우의 수는 2가지이다.

⑤ 을이 무보다 먼저 휴가를 사용하면, 가능한 경우의 수는 4가지이다.

[15 – 17] 다음 도형에 적용된 규칙을 찾아 '?'에 해당하는 도형을 고르시오.

15.

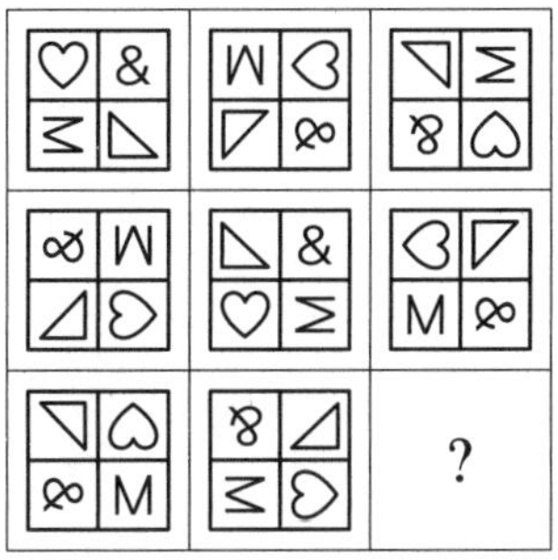

① 

② 

③ 

④ 

⑤ 

16.

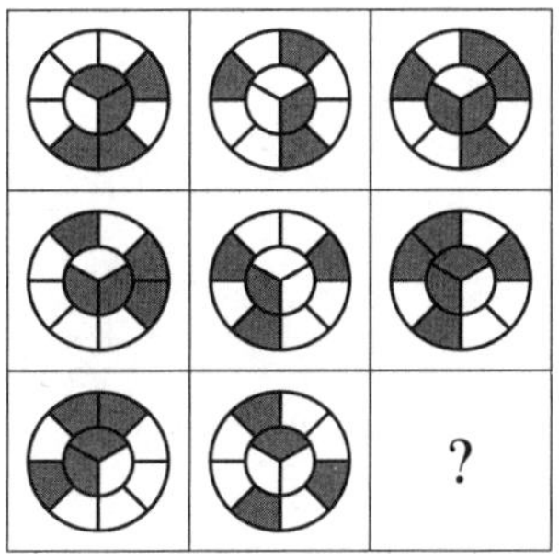

① 

② 

③ 

④ 

⑤ 

17.

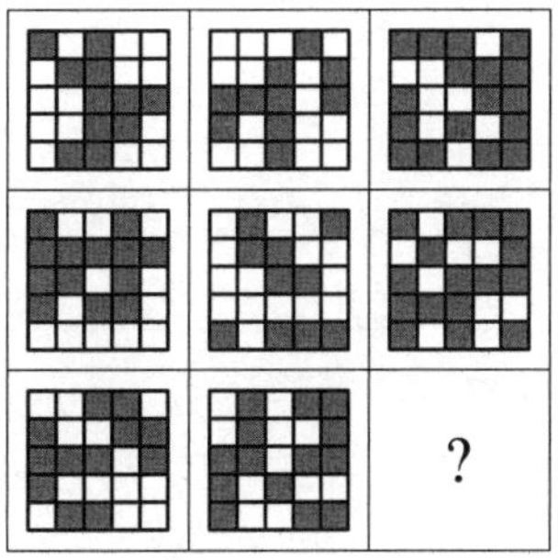

① 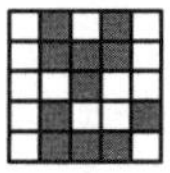

② 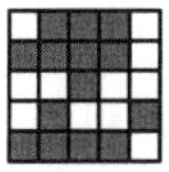

③ 

④ 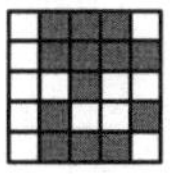

⑤ 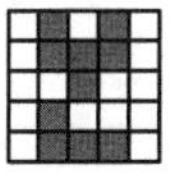

[18 – 21] 다음 각 기호가 문자, 숫자의 배열을 바꾸는 규칙을 나타낸다고 할 때, 각 문제의 '?'에 해당하는 것을 고르시오.

		5G3A						
		↓						
CTBS	→	☆	→	DWCV				
		↓		↓				
ZU72	→	♡	→	○	→	□	→	1BW6
		↓		↓				
		D64J		CYBX				

18.

VDEP → ☆ → ○ → ?

① VFER ② XIEU ③ VIEU ④ XIGU ⑤ VIGU

19.

3587 → □ → ♡ → ○ → ?

① 7564 ② 7249 ③ 7549 ④ 7264 ⑤ 7567

20.

? → ♡ → ○ → Y4Q6

① 42RZ ② 4Z2R ③ 24ZR ④ 4ZR2 ⑤ 24RZ

21.

? → ♡ → ☆ → □ → 85DX

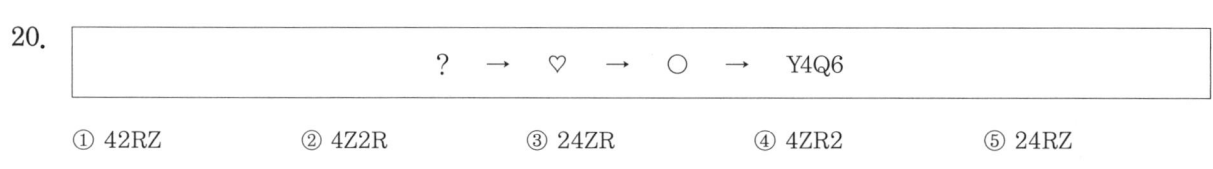

① 7AW2 ② 2WA7 ③ A2W7 ④ 2AW7 ⑤ A7W2

22. **다음 문단을 논리적 순서대로 알맞게 배열한 것을 고르시오.**

(A) 초기의 분석적 큐비즘은 3차원의 대상을 다양한 각도에서 바라보아야 한다는 점을 강조하며, 이를 단순한 형태로 해체하고 재구성하는 방법을 모색했다. 예술가들은 대상과 배경의 경계를 허물고 상호 관계를 맺는 측면을 강조하며 2차원의 캔버스를 균일하게 채우는 접근을 시도하였다.

(B) 분석적 큐비즘이 회화의 고유한 물성과 2차원성을 중시한다면, 종합적 큐비즘은 실재와의 매개를 통해 캔버스 바깥으로 나아가면서 아방가르드와 유사한 접근을 취한다. 이처럼 큐비즘은 르네상스 이래 유럽회화를 사실주의적 전통에서 해방시킨 20세기 회화혁명의 하나로 평가받는다.

(C) 19세기 말 사진의 등장 이후, 대상과 똑같이 그려내는 기술이 높게 평가받는 시대가 끝나면서 대상을 관찰하여 기하학적 형태로 해석하는 회화 양식인 큐비즘이 등장하였다. 입체주의를 뜻하기도 하는 이 미술 운동은 자연의 형태를 기하학적으로 단순화하고 이를 평면 위에서 재조합하는 방식을 사용한다.

(D) 그러나 예술과 현실의 매개에서 한계를 느끼며 매너리즘에 빠진 예술가들은 더 나아가 현실의 오브제들을 화폭에 들여오는 방법을 선택한다. 후기의 종합적 큐비즘은 콜라주 기법을 활용하여 실제 오브제를 화폭에 직접적으로 삽입하고, 전통적 회화의 환영에서 벗어나 리얼리즘을 추구하면서도 독립된 형식미를 구축하였다.

① (B) - (A) - (C) - (D)
② (B) - (D) - (A) - (C)
③ (C) - (A) - (D) - (B)
④ (C) - (B) - (A) - (D)
⑤ (C) - (D) - (A) - (B)

23. 다음 문단을 논리적 순서대로 알맞게 배열한 것을 고르시오.

(A) SEI의 두께, 구성과 같은 특성은 배터리의 전반적인 성능에 영향을 미친다. SEI가 보호막의 역할을 하지 못하는 경우 전해질의 분해가 계속적으로 발생하며 배터리의 수명과 성능이 줄어들 것이다.
(B) 한 번도 사용하지 않은 배터리에 충전을 하면, 리튬 이온이 이동하는 길인 전해질에 고체막이 형성된다. 음극 살짝 앞쪽에 형성되는 이 고체막 SEI는 전해질의 분해 반응을 방지하는 역할을 한다.
(C) SEI(Solid Electrolyte Interphase)는 배터리 제조 후 첫 충전 시 음극재의 표면에 생기는 얇은 막을 일컫는다. SEI는 리튬 이온, 첨가제, 전해질과 같은 다양한 무기 및 유기 화합물로 구성된다.
(D) SEI의 역할을 알기 위해서는 배터리의 작동 원리를 이해해야 한다. 배터리를 충전하면 리튬 이온과 전자가 양극에서 분리되어 전해질을 통해 음극으로 이동한다.

① (C) - (A) - (B) - (D)
② (C) - (A) - (D) - (B)
③ (C) - (D) - (B) - (A)
④ (D) - (B) - (C) - (A)
⑤ (D) - (C) - (A) - (B)

24. **다음 진술이 모두 참이라고 할 때 반드시 거짓일 수밖에 없는 것을 고르시오.**

> 생물이 무기물에서 자연적으로 발생한다는 자연발생설은 고대 그리스 시대부터 학자들의 끊임없는 논쟁 대상이 되었다. 자연발생설을 입증하거나 반박하는 많은 실험이 제시되었지만, 이 학설에 대한 논쟁은 19세기 후반 프랑스의 미생물학자인 루이 파스퇴르의 백조목 플라스크 실험에 의해 부정되며 마무리되었다. 파스퇴르는 플라스크의 목 부분을 길게 늘여서 백조의 목처럼 S 자로 구부린 백조목 플라스크를 만들고 여기에 고기즙을 담아 끓였다. 고기즙을 끓이면서 맺힌 수증기는 플라스크의 구부러진 부분에 물로 고였는데, 며칠이 지나도 고기즙에는 미생물이 번식하지 않았다. 하지만 플라스크를 기울여 고기즙을 구부러진 부분의 물에 닿게 하자 미생물이 번식하며 뿌옇게 오염되었다. 즉, 구부러진 부분에 고여있던 물이 외부의 공기를 차단하는 벽으로 작용했던 것이다. 파스퇴르는 이 실험을 통해 미생물이 번식하는 것은 공기 중의 미생물이나 미생물의 포자(胞子)가 침입하기 때문이라는 사실을 밝혔고, 생물은 무생물 상태에서 자연적으로 생겨나는 것이 아니라 어버이로부터 발생한다는 생물속생설을 제기했다.

① 수분이 함유된 물질을 백조목 플라스크에서 끓이면 구부러진 부분에 물이 고이게 된다.

② 파스퇴르의 실험 전에도 많은 과학자가 자연발생설을 입증하고자 다양한 실험을 진행하였다.

③ 백조목 플라스크에서 끓인 고기즙은 공기 중의 미생물 포자와 닿으면 미생물에 오염된다.

④ 백조목 플라스크를 활용한 파스퇴르의 실험은 자연발생설을 입증할 결정적인 증거가 되었다.

⑤ 생물속생설에 따르면 모든 생물은 어버이가 존재하지 않는다면 자연적으로 발생할 수 없다.

25. **다음 내용을 바탕으로 추론할 수 있는 것을 고르시오.**

자동차가 발명된 지 130년이 넘었지만, 자동차 안전벨트의 역사는 그 절반 정도밖에 되지 않는다. 초창기의 자동차는 속도가 느렸기 때문에 사람들은 안전벨트의 필요성을 느끼지 못했다. 그러다 제1차 세계대전 이후 성능이 향상된 자동차를 이용한 경주가 인기를 끌었는데, 자동차 레이싱을 하던 사람들은 비포장도로를 빠른 속도로 달릴 때 자동차 밖으로 튕겨 나가는 것을 막기 위해 스스로 안전벨트를 만들어 사용했다. 이때 사용되던 안전벨트는 당시 비행기 조종사들이 사용하던 것처럼 허리와 배를 감싸는 2점식 안전벨트였다. 그 후 1950년대를 전후로 자동차에 2점식 안전벨트가 장착되기 시작했는데, 오늘날과 같은 3점식 안전벨트는 1959년에 등장했다. 볼보 자동차의 엔지니어 닐스 볼린이 전투기의 비상 탈출 좌석에 착안하여 개발한 3점식 안전벨트는 어깨를 거쳐 가슴을 대각선으로 통과하는 어깨 벨트와 양쪽 골반 뼈 부분에 닿는 허리 벨트로 구성된다. 충돌 시 사람의 상체가 차량 내부 부속품에 부딪히는 것을 막지 못하는 2점식 안전벨트와 달리, 3점식 안전벨트는 몸이 앞으로 쏠리는 것을 막아줄 뿐만 아니라 우리 몸에서 충격을 잘 흡수하는 가슴뼈와 골반을 고정하여 부상을 최소화할 수 있었다. 또한, 당시에는 자동차 안전벨트가 선택 사항이었고, 안전벨트를 귀찮게 여기는 사람들이 많았기 때문에 한 손으로 간편하게 안전벨트를 착용할 수 있도록 만들었다. 한편 볼보 자동차는 3점식 안전벨트 기술의 특허로 많은 돈을 벌 수 있었지만, 다른 자동차 제조사들도 기술을 사용할 수 있게 허가하여 전 세계의 자동차에 동일한 원리의 3점식 안전벨트가 탑재될 수 있었다.

① 자동차에 최초로 사용된 안전벨트는 3점식 안전벨트였다.

② 3점식 안전벨트 개발 시 사용자의 편의성은 고려되지 않았다.

③ 초기부터 자동차에는 안전벨트가 기본 안전장치에 포함되어 있었다.

④ 비행기 안전벨트보다 자동차 안전벨트가 더 먼저 사용되었다.

⑤ 3점식 안전벨트가 만들어질 당시 안전벨트 착용의 의무는 없었다.

26. 다음 진술이 모두 참이라고 할 때 반드시 <u>거짓</u>일 수밖에 없는 것을 고르시오.

> 상품과 서비스를 구매할 때 환경에 가해지는 피해를 최소화한 제품, 공정 무역을 통해 생산된 제품 등을 선택하는 윤리적 소비를 하기 위해 노력하는 사람들이 늘고 있다. 윤리적 소비는 가격과 품질 외에 윤리적으로 올바른 가치를 지닌 제품의 소비를 추구하는 행위로, 18세기 후반 영국의 설탕 거부 운동에서 비롯되었다. 이 운동에 동참한 사람들은 소비 생활에 도덕적 잣대를 적용하여 노예들의 희생으로 생산된 설탕의 소비를 거부하였다. 오늘날에도 동물의 희생으로 만들어진 제품 사용을 거부하거나 윤리적·정치적인 문제를 야기하는 제품군에 대한 불매 운동을 통해 자신의 소비관을 나타내는 사람들이 많다. 이러한 소비자들의 소비 행동 패턴의 변화는 기업이 생산하는 제품에도 영향을 준다. 실제로 의류 업계에서는 동물의 털로 만든 옷 대신에 인조 모피나 생활 폐기물을 재활용한 신소재를 활용하여 옷을 생산하는 업체들이 증가하고 있다.

① 윤리적 소비는 합리적인 소비보다 가치 있는 소비를 지향하는 사람들의 소비 행동이다.

② 오늘날 기업들은 윤리적 소비자들의 소비 행동 패턴에 맞춰 제품을 생산하기도 한다.

③ 제품을 구매할 때 제품의 생산 배경과 소재 등을 따져보는 소비자들이 증가하고 있다.

④ 18세기 후반에 일부 영국인들은 노예들의 희생으로 생산된 설탕을 소비하는 것에 반대하였다.

⑤ 윤리적 소비는 동물의 털로 제작된 옷의 구매를 거부하던 운동에서 기원하였다.

27. **다음 진술이 모두 참이라고 할 때 반드시 거짓일 수밖에 없는 것을 고르시오.**

> 뇌하수체 속 시교차상핵에 존재하는 것으로 알려진 생체시계는 24~25시간을 주기로 호르몬 분비, 심박수, 체온 등을 조절한다. 잠을 깨우는 호르몬인 코르티솔은 매일 오전 6시부터 분비량이 늘다가 3~4시간이 지나면 분비량이 점차 줄어든다. 일정 시간대가 되면 잠에서 깨는 것도 이 때문이다. 반대로 수면 호르몬인 멜라토닌은 오후 8시 이후에 분비가 활성화된다. 그래서 밤늦게까지 스마트폰을 사용하면 인공적인 빛에 노출되어 생체시계가 교란되고, 그로 인해 멜라토닌 분비가 원활하지 않게 된다. 밤에 먹으면 살이 잘 찌는 것 역시 생체시계와 관련이 있다. 혈당 조절 호르몬인 인슐린의 분비량은 기상 직후부터 증가하여 밤에 줄어들게 되므로, 밤에 음식을 먹으면 인슐린이 부족해 포도당이 에너지원으로 사용되지 못한 채 지방 세포에 쌓인다. 한편 생체시계가 피부 세포의 회복에 관여한다는 연구 결과도 있다. 손상된 피부를 회복시키는 섬유 아세포 단백질이 낮에 더 빨리 움직이므로 밤에 생긴 피부 상처보다 낮에 생긴 상처가 약 2배 빨리 회복된다는 것이다.

① 코르티솔 분비량의 변화로 오전 6~10시에 일어나지 않으면 그 이후에는 일어나기 어려워진다.

② 아침을 많이 먹는 사람보다 점심이나 저녁을 많이 먹는 사람이 살찔 확률이 낮다.

③ 자기 전에 스마트폰을 보는 습관으로 인해 우리 몸의 생체시계가 망가질 수 있다.

④ 피부 상처의 빠른 회복을 위해서 피부 절개가 필요한 수술은 저녁보다 낮에 하는 것이 좋다.

⑤ 물리적인 시계가 없어도 멜라토닌이 정상적으로 분비되면 일정한 시간에 잠이 들 수 있다.

28. **다음 주장에 대한 반박으로 가장 타당한 것을 고르시오.**

> 실업으로 인한 정신적 스트레스는 뇌졸중과 같은 신체적 질병의 위험을 높인다. 실제로 이를 뒷받침하는 연구 결과가 발표되기도 했다. 일본 오사카대학 연구팀은 40~50대의 일본인 여성 1만 9,826명과 남성 2만 1,902명을 대상으로 고용 상태가 건강에 미치는 영향을 15년간 추적 관찰했다. 그 결과, 실업을 경험한 사람은 그렇지 않은 사람에 비해 허혈성 뇌졸중, 뇌출혈 발병률이 높은 것으로 나타났다.

① 한국은 일본보다 청년 실업률이 높기 때문에 해당 연구 결과를 신뢰할 수 없다.

② 실업 경험 여부만 고려할 것이 아니라 성별과 연령에 따른 실업률도 고려해야 한다.

③ 일본의 특수한 고용 상황을 고려하지 않고 하나의 연구 결과만으로 일반화해서는 안 된다.

④ 실업은 개인의 삶에 엄청난 영향을 끼치는 문제라는 점에서 국가 차원의 해결 노력이 필요하다.

⑤ 해고와 같은 비자발적 실업이 아닌 노동자의 의지에 따른 자발적 실업도 있음을 간과할 수 없다.

29. **다음 글을 바탕으로 아래 〈보기〉를 이해한 내용으로 적절하지 않은 것을 고르시오.**

> 마이크로 디스플레이는 일반적으로 1인치 내외의 크기를 가지며, 수천 PPI의 높은 픽셀 밀도를 갖춘 초고해상도 디스플레이를 지칭한다. 이 기술은 반도체 기판인 실리콘 웨이퍼를 주로 사용하며, 이는 기존 유리 기판보다 전자 이동 속도가 훨씬 빠르다는 장점을 가진다. 전자가 빠르게 이동할 경우 응답 속도 향상과 함께 잔상 없이 선명한 화질을 제공하게 된다. 또한, 실리콘 기판은 고온에서의 열처리도 가능하다. 그러나 마이크로 디스플레이를 제작하는 기술은 기존의 디스플레이 제작 기술과는 다른 어려움이 존재한다. 마이크로미터 단위의 공정을 나노미터 단위의 미세 공정으로 줄여야 하며, 밝기는 높여야 하므로 더 높은 효율의 소재를 개발해야 한다. XR 산업의 확대에 따라 이를 구현하는 마이크로 디스플레이 기술에 대한 적극적인 연구가 이루어지고 있으며, 다양한 분야로의 적용이 전망된다.

〈보기〉

> 마이크로 디스플레이를 사용하는 기술로 LCoS, OLEDoS, LEDoS가 있다. LCoS는 1970년대에 개발된 기술로 주로 빔 프로젝터와 같은 대형 디스플레이 시스템에 널리 사용되고 있다. 이 기술은 실리콘 웨이퍼 위에 액정을 배치하는 구조로, 외부 광원을 액정에 투사하여 이미지를 생성한다. 생산 비용이 낮고 효율성이 높아 상업적으로 유용하다는 특징을 가진다. 또한, 우수한 색 재현성과 해상도를 제공하여 고품질 영상 구현에 적합하다. OLEDoS는 실리콘 웨이퍼 위에 유기 발광 다이오드를 입히는 기술이다. 이 방식은 외부 광원을 필요로 하지 않으며, 뛰어난 응답 속도와 높은 명암비로 초고해상도 화면 구현에 유리하다. 특히 색상이 선명하여 가상 현실 응용 분야에서 주목받고 있다. 마지막으로 LEDoS는 실리콘 기판 위에 발광 다이오드를 배치하여 자체 발광하는 기술이다. 밝기가 높고 색 재현율이 우수하여, 다양한 색상을 동시에 구현할 수 있어 영화, 게임 등에서 생동감 넘치는 이미지를 제공하는 데 효과적이다.

① OLEDoS 기술은 전자 이동 속도가 빠르다는 특징을 가진다.

② LEDoS 기술은 기존의 제작 기술보다 더 높은 효율의 소재를 사용한다.

③ LCoS 기술에 사용되는 반도체 기판은 고온 열처리가 가능하다.

④ LCoS, OLEDoS, LEDoS 기술은 마이크로미터 단위의 공정을 통해 제작된다.

⑤ LCoS, OLEDoS, LEDoS 기술은 XR 산업의 확대와 함께 다양한 분야에 적용될 전망이다.

30. **다음 글을 바탕으로 아래 〈보기〉를 이해한 내용으로 적절한 것을 고르시오.**

> 한 방송에서 소문의 확산에 대해 알아보기 위해 20대와 40~50대 각 100명을 모아놓고 "연예인 A가 자살했다."라는 부정적인 소문과 "연예인 B가 아이를 입양했다."라는 긍정적인 소문을 전달했다. 실험 결과 연예인 A에 관한 소문은 20대 집단과 40~50대 집단에서 모두 80% 이상 확산되었지만, 연예인 B에 관한 소문은 10~20% 정도밖에 퍼지지 않은 것으로 나타났다.

〈보기〉

> 상품을 고의적으로 구설수에 오르내리게 해 관심도를 높이는 광고 전략을 노이즈 마케팅이라 한다. 자극적인 소재로 소비자들의 호기심을 자극하고 이목을 집중시킨다는 특성 때문에 때때로 노이즈 마케팅은 많은 이들에게 따가운 눈총을 받기도 한다. 그럼에도 노이즈 마케팅은 여러 분야에서 자주 사용되고 있는데, 이는 노이즈 마케팅이 단기간에 상품에 대한 인지도를 높이는 데에 효과적이기 때문이다. 하지만 노이즈 마케팅을 사용하는 기업들은 그 사용 정도와 수위를 고려해야 할 필요가 있다. 노이즈 마케팅을 남발하게 되면 소비자들의 반감을 사게 되고, 이것이 확산되면 소비자들이 해당 기업이나 제품에 대한 의심을 품게 되어 신뢰감을 상실하기 때문이다.

① 기업은 부정적 소문의 파급력 때문에 노이즈 마케팅을 효과적인 마케팅 수단으로 여긴다.

② 사실과 다르게 부풀려진 소문을 이용하여 마케팅을 하면 소비자들은 반감을 갖게 된다.

③ 노이즈 마케팅은 내용과 관계없이 소문이 널리 확산된다는 점을 활용한 광고 전략이다.

④ 노이즈 마케팅 활용 여부를 결정할 때는 타깃이 되는 소비자의 연령대를 고려해야 한다.

⑤ 적절한 노이즈 마케팅은 소비자들에게 신뢰감을 주어 마케팅 효과를 극대화할 수 있다.

약점 보완 해설집 p.7

모의고사의 수리 영역 문제풀이 시 본 문제풀이 용지를 이용하여 풀어보세요.

성명:

수험번호:

①

정답

②

정답

③

정답

④

정답

⑤

정답

수리

자르는 선

모의고사의 수리 영역 문제풀이 시 본 문제풀이 용지를 이용하여 풀어보세요.

성명:

수험번호:

⑥

정답

⑦

정답

⑧

정답

⑨

정답

⑩

정답

수리

모의고사의 수리 영역 문제풀이 시 본 문제풀이 용지를 이용하여 풀어보세요.

성명:

수험번호:

⑪

정답

⑫

정답

⑬

정답

⑭

정답

⑮

정답

자르는 선

모의고사의 수리 영역 문제풀이 시 본 문제풀이 용지를 이용하여 풀어보세요.

성명:

수험번호:

⑯

정답

⑰

정답

⑱

정답

⑲

정답

⑳

정답

수리

모의고사의 추리 영역 문제풀이 시 본 문제풀이 용지를 이용하여 풀어보세요.

성명:

수험번호:

① 정답	② 정답
③ 정답	④ 정답
⑤ 정답	⑥ 정답
⑦ 정답	⑧ 정답

추리

자르는 선

모의고사의 추리 영역 문제풀이 시 본 문제풀이 용지를 이용하여 풀어보세요.

성명:

수험번호:

⑨ 정답	⑩ 정답
⑪ 정답	⑫ 정답
⑬ 정답	⑭ 정답
⑮ 정답	⑯ 정답

추리

모의고사의 추리 영역 문제풀이 시 본 문제풀이 용지를 이용하여 풀어보세요.

성명:

수험번호:

⑰

정답

⑱

정답

⑲

정답

⑳

정답

추리

㉑

정답

㉒

정답

㉓

정답

㉔

정답

자르는 선

모의고사의 추리 영역 문제풀이 시 본 문제풀이 용지를 이용하여 풀어보세요.

성명:

수험번호:

㉕

정답

㉖

정답

㉗

정답

㉘

정답

추리

㉙

정답

㉚

정답

해커스

GSAT

삼성직무적성검사

빠르게 끝내는 봉투모의고사

실전모의고사

2회

해커스

수험번호	
성명	

실전모의고사
2회

시작과 종료 시각을 정한 후, 실전처럼 모의고사를 풀어보세요.

- 수리 ____시 ____분 ~ ____시 ____분 (총 20문항/30분)
- 추리 ____시 ____분 ~ ____시 ____분 (총 30문항/30분)

□ **시험 유의사항**

GSAT는 다음과 같이 영역별 제한 시간이 있습니다. 본 모의고사의 마지막 페이지에 있는 문제풀이 용지와 해커스ONE 애플리케이션의 학습 타이머를 이용하여 실전처럼 모의고사를 풀어본 후, p.35의 '바로 채점 및 성적 분석 서비스' QR코드를 스캔하여 응시 인원 대비 본인의 성적 위치를 확인해보시기 바랍니다.

영역	문항 수	시간
수리	20문항	30분
추리	30문항	30분

※ 2024년 하반기 GSAT 기준

수리

총 20문항/30분

▶ 해설 p.16

01. 작년 기획팀 사원 수는 318명이고, 작년 대비 올해 인사팀 사원 수는 3명 증가, 기획팀 사원 수는 6명 증가하여 사원 수는 기획팀이 인사팀의 2.4배일 때, 작년 인사팀 사원 수는?

① 130명　② 132명　③ 135명　④ 138명　⑤ 140명

02. S 회사 영업 1팀의 2명, 영업 2팀의 3명, 영업 3팀의 3명 중 3명을 뽑으려고 할 때, 각 팀에서 1명씩 뽑힐 확률은?

① $\frac{1}{7}$　② $\frac{9}{56}$　③ $\frac{9}{28}$　④ $\frac{3}{8}$　⑤ $\frac{3}{7}$

03. 다음은 지역별 원유 생산량에 대한 자료이다. 다음 중 자료에 대한 설명으로 옳지 않은 것을 고르시오.

[지역별 원유 생산량]

(단위: 천 톤)

구분	2019년	2020년	2021년	2022년	2023년	2024년
A 지역	12,719	12,450	12,699	11,327	12,443	12,346
B 지역	8,561	8,300	8,478	7,495	8,255	8,168
C 지역	11,756	11,403	11,591	10,207	11,163	11,170
D 지역	14,527	14,256	14,835	12,684	13,894	13,767
E 지역	11,938	12,468	12,578	13,005	13,158	13,589

① 2021년 A 지역의 원유 생산량은 전년 대비 2% 증가하였다.

② 제시된 5개 지역의 2024년 원유 생산량은 총 59,000천 톤 이상이다.

③ 2020년 A 지역의 원유 생산량은 B 지역의 원유 생산량의 1.5배이다.

④ 제시된 지역은 모두 2020년 원유 생산량이 전년 대비 감소하였다.

⑤ 2019~2024년 연도별 C 지역의 원유 생산량의 평균은 11,215천 톤이다.

04. 다음은 A 국의 연도별 증권시장 상장회사 수 및 시가총액에 대한 자료이다. 제시된 기간 중 유가증권시장 상장회사 수가 두 번째로 많은 해에 유가증권시장 상장회사 1개당 평균 시가총액은?

[연도별 상장회사 수 및 시가총액]

(단위: 개, 백억 원)

구분		2018년	2019년	2020년	2021년	2022년	2023년	2024년
상장회사 수	합계	1,922	1,987	2,040	2,111	2,204	2,268	2,356
	유가증권시장	770	779	774	788	799	800	824
	코스닥시장	1,152	1,208	1,266	1,323	1,405	1,468	1,532
시가총액	합계	144,500	151,000	188,900	157,200	171,700	236,500	264,900
	유가증권시장	124,300	130,800	160,600	134,400	147,600	198,000	220,300
	코스닥시장	20,200	20,200	28,300	22,800	24,100	38,500	44,600

① 216.5백억 원　② 227.3백억 원　③ 231.8백억 원　④ 247.5백억 원　⑤ 258.7백억 원

05. 다음은 연도별 군병원 외래환자 진료 건수에 대한 자료이다. 다음 중 자료에 대한 설명으로 옳지 않은 것을 고르시오.

[연도별 군병원 외래환자 진료 건수]

(단위: 백 건)

구분	2016년	2017년	2018년	2019년	2020년	2021년
전체	14,790	15,650	14,939	15,269	13,571	13,311
서울지구	395	455	438	505	539	477
수도	2,726	2,941	2,856	2,940	2,640	2,676
부산	450	452	414	440	186	0
함평	660	657	594	596	500	453
대구	616	652	596	588	339	455
대전	1,344	1,553	1,502	1,571	1,332	1,517
고양	1,104	1,280	1,245	1,146	988	777
춘천	1,108	1,155	1,072	1,016	1,087	1,264
홍천	889	966	957	1,039	968	881
포천	709	867	972	1,045	993	935
양주	1,712	1,597	1,462	1,650	1,526	1,575
강릉	671	799	773	880	753	676
원주	306	321	198	0	0	0
구리	558	392	439	453	358	310
포항	550	518	489	464	450	416
해양의료원	611	663	541	530	591	604
항공우주의료원	381	382	391	406	321	295

※ 출처: KOSIS(국방부, 국방통계)

① 2019년 외래환자 진료 건수는 강릉이 부산의 2배이다.

② 2018년 전체 외래환자 진료 건수에서 수도가 차지하는 비중은 20% 미만이다.

③ 포항의 외래환자 진료 건수 대비 함평의 외래환자 진료 건수의 비율은 2016년이 2020년보다 크다.

④ 2021년 양주의 외래환자 진료 건수는 5년 전 대비 137백 건 감소하였다.

⑤ 항공우주의료원의 외래환자 진료 건수는 매년 해양의료원의 외래환자 진료 건수의 50% 이상이다.

06. 다음은 국가별 외환보유액을 나타낸 자료이다. 다음 중 자료에 대한 설명으로 옳은 것을 고르시오.

[국가별 외환보유액]

(단위: 억 달러)

구분	2018년	2019년	2020년	2021년	2022년	2023년	2024년
A 국가	3,710	3,890	4,038	4,088	4,433	4,630	4,950
B 국가	485	740	962	1,025	1,215	1,554	1,992
C 국가	2,105	2,390	2,622	2,012	2,600	2,716	2,915
D 국가	590	708	885	980	1,088	1,255	1,579
E 국가	2,700	2,916	3,064	3,270	3,465	3,636	3,680

① 2019년 이후 제시된 모든 국가의 국가별 외환보유액은 매년 전년 대비 증가하였다.

② 제시된 국가 중 2019년 외환보유액의 전년 대비 증가율이 가장 작은 국가는 E 국가이다.

③ 2019년 이후 D 국가의 외환보유액의 전년 대비 증가액이 가장 큰 해는 2023년이다.

④ 2020년 B 국가의 외환보유액은 전년 대비 30% 증가하였다.

⑤ 제시된 국가의 2022년 외환보유액의 총합은 13,000억 달러 이상이다.

07. 다음은 S 국의 연도별 어음부도율에 대한 자료이다. 다음 중 자료에 대한 설명으로 옳은 것을 고르시오.

[연도별 어음부도율]

구분	2017년	2018년	2019년	2020년	2021년	2022년	2023년	2024년
부도율(%)	0.02	0.01	0.01	0.01	0.01	0.01	0.00	0.00
부도 금액(조 원)	6.0	4.6	2.9	3.4	2.9	1.8	1.3	1.9
부도 업체 수(개)	841	720	555	494	469	414	292	183

※ 부도율(%) = (부도 금액 / 전체 어음 및 수표 금액) × 100

① 2017년 전체 어음 및 수표 금액은 30,000조 원이다.

② 2018년 이후 부도율이 전년도와 동일한 해는 총 6개 연도이다.

③ 2018년 이후 부도 금액은 매년 전년 대비 감소하였다.

④ 2022년 부도 업체 1개당 부도 금액은 5십억 원 이상이다.

⑤ 2024년 부도 업체 수는 5년 전 대비 70% 이상 감소하였다.

08. 다음은 Q 동에 거주하는 시민들을 대상으로 조사한 연령대별 개인 PC 보유자 수와 개인 PC 보유자들의 인터넷 이용률에 대한 자료이다. 제시된 연령대 중 개인 PC 보유자 수가 세 번째로 많은 연령대의 개인 PC 보유자 중 인터넷을 이용하는 사람 수는?

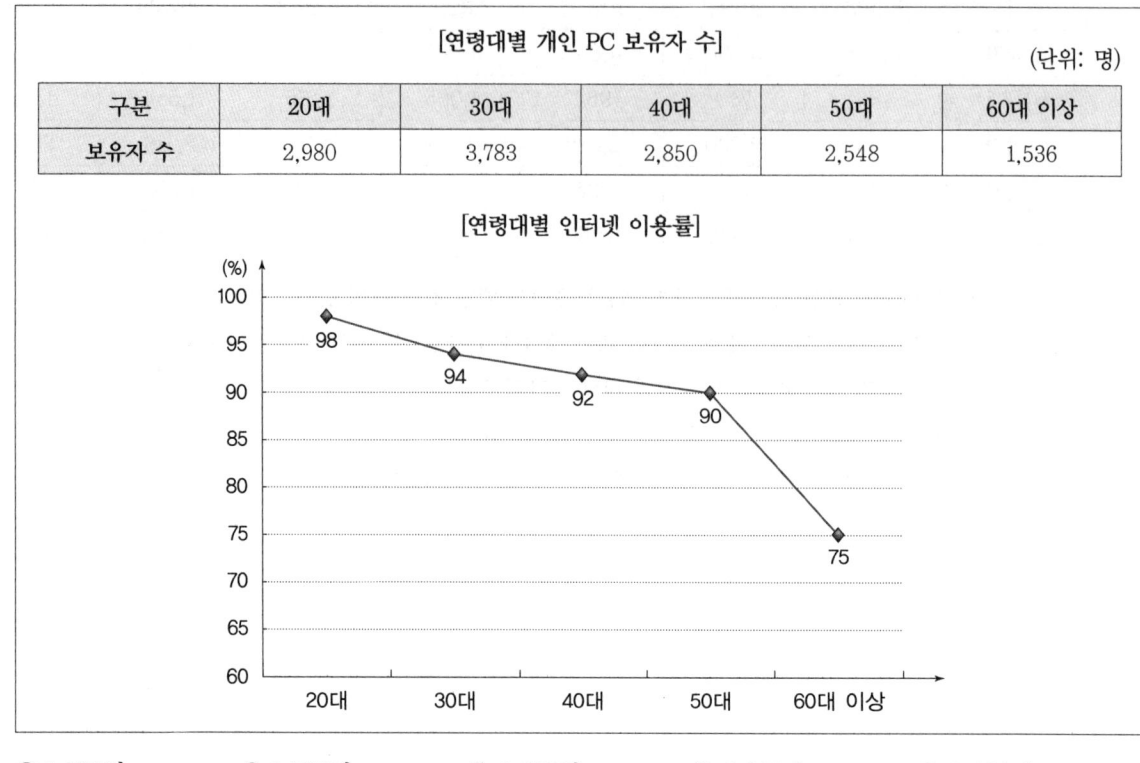

[연령대별 개인 PC 보유자 수]

(단위: 명)

구분	20대	30대	40대	50대	60대 이상
보유자 수	2,980	3,783	2,850	2,548	1,536

[연령대별 인터넷 이용률]

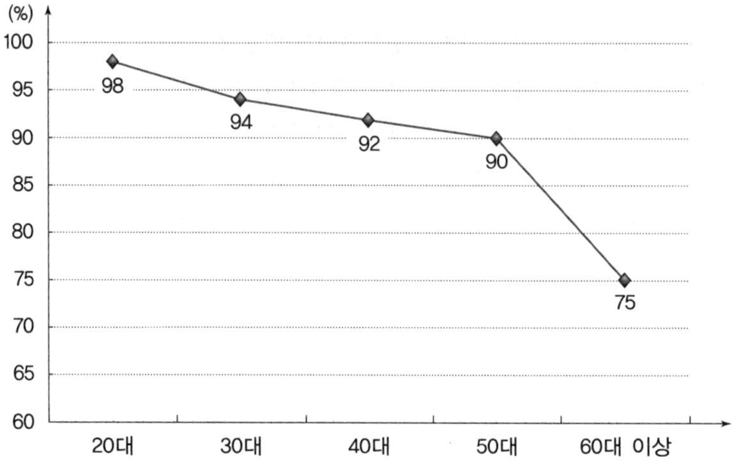

① 1,152명 ② 1,720명 ③ 2,622명 ④ 2,801명 ⑤ 3,480명

09. 다음은 Z 국의 연도별 국유재산 현황에 대한 자료이다. 다음 중 자료에 대한 설명으로 옳지 않은 것을 고르시오.

[연도별 국유재산]

(단위: 조 원)

구분	2018년	2019년	2020년	2021년	2022년	2023년	2024년
행정재산	760	787	800	810	825	858	1,001
일반재산	230	257	276	272	300	299	337

※ 국유재산 = 행정재산 + 일반재산

① 2023년 행정재산의 전년 대비 증가율은 4%이다.

② 제시된 기간 동안 매년 국유재산은 1,000조 원 이상이다.

③ 2019년 국유재산에서 행정재산이 차지하는 비중은 75% 이상이다.

④ 2022년 행정재산은 일반재산의 2.75배이다.

⑤ 2024년 일반재산은 6년 전 대비 107조 원 증가하였다.

[10－11] 다음은 지역별 연구원 수에 대한 자료이다. 각 물음에 답하시오.

[지역별 연구원 수]

(단위: 백 명)

구분	2014년	2015년	2016년	2017년	2018년	2019년	2020년
전체	4,375	4,532	4,608	4,827	5,143	5,381	5,579
서울	1,075	1,057	1,100	1,185	1,274	1,330	1,395
부산	136	155	147	144	164	165	173
대구	106	118	115	118	134	140	145
인천	159	176	184	196	202	217	219
광주	79	83	85	77	95	95	100
대전	322	343	345	358	364	374	357
울산	67	70	74	78	84	80	79
세종	30	36	36	41	41	42	47
경기	1,569	1,651	1,667	1,726	1,827	1,960	2,059
강원	62	63	59	67	67	71	72
충북	112	113	115	123	134	133	141
충남	165	176	174	171	178	184	186
전북	85	87	92	91	97	92	100
전남	44	42	42	45	51	55	58
경북	173	180	179	193	194	195	192
경남	176	167	177	196	219	228	234
제주	15	15	17	18	18	20	22

※ 출처: KOSIS(과학기술정보통신부, 연구개발활동)

10. **다음 중 자료에 대한 설명으로 옳지 않은 것을 고르시오.**

① 2015년 연구원 수는 세종이 제주의 2.4배이다.

② 2020년 서울의 연구원 수는 4년 전 대비 25% 이상 증가하였다.

③ 2017년 전체 연구원 수에서 경남의 연구원 수가 차지하는 비중은 5% 이상이다.

④ 2015년 이후 전체 연구원 수는 매년 전년 대비 증가하였다.

⑤ 2018년 연구원 수가 다른 지역에 비해 가장 많은 지역은 가장 적은 지역보다 2018년 연구원 수가 1,809백 명 더 많다.

11. **다음은 일부 지역의 연구원 1명당 연구개발비를 나타낸 자료이다. 제시된 지역 중 2014년 이후 연구원 1명당 연구개발비가 매년 1억 원 미만인 지역의 2020년 전체 연구개발비는?**

[지역별 연구원 1명당 연구개발비]

(단위: 십만 원)

구분	2014년	2015년	2016년	2017년	2018년	2019년	2020년
서울	897	949	952	1,111	1,058	1,011	1,035
부산	811	827	846	977	945	958	980
대구	914	939	1,044	1,051	987	951	941
인천	1,435	1,419	1,296	1,298	1,367	1,312	1,340
광주	862	888	984	1,027	951	873	957
대전	1,968	1,942	2,108	2,154	2,198	2,063	2,486
울산	1,221	1,392	1,087	935	1,318	1,383	1,351

※ 출처: KOSIS(과학기술정보통신부, 연구개발활동)

① 9,570억 원　② 10,672억 원　③ 13,644억 원　④ 16,954억 원　⑤ 29,346억 원

[12－13] 다음은 Y 국의 연도별 농가 수 및 농가인구 추이에 대한 자료이다. 각 물음에 답하시오.

[연도별 농가 수 및 농가인구]

(단위: 천 호, 천 명)

구분	2018년	2019년	2020년	2021년	2022년	2023년	2024년
농가 수	1,089	1,068	1,042	1,021	1,007	1,035	1,031
농가인구	2,569	2,496	2,422	2,315	2,245	2,314	2,215

[연도별 농가 수 및 농가인구 비중]

(단위: %)

구분	2018년	2019년	2020년	2021년	2022년	2023년	2024년
총가구 중 농가 수 비중	5.7	5.5	5.3	5.1	5.0	4.8	5.0
총인구 중 농가인구 비중	5.0	4.9	4.7	4.5	4.3	4.5	4.3
농가인구 중 65세 이상 비중	38.4	40.3	42.5	44.7	46.6	42.3	46.8

12. 다음 중 자료에 대한 설명으로 옳은 것을 고르시오.

① 2019년 이후 농가 수는 매년 전년 대비 감소하였다.
② 2020년 농가 수 1호당 농가인구 수는 전년 대비 증가하였다.
③ 2024년 총인구 중 농가인구 비중은 5년 전 대비 0.7%p 감소하였다.
④ 2023년 농가인구 중 65세 이상인 사람은 1,000천 명 미만이다.
⑤ 2022년 총가구 수는 20,000천 호 미만이다.

13. 다음 중 자료에 대한 설명으로 옳지 않은 것을 모두 고르시오.

a. 2023년 총인구수는 전년 대비 증가하였다.
b. 2024년 총가구 1호당 총인구수는 2명 이상이다.
c. 제시된 기간 동안 총인구 중 농가인구 비중이 가장 높은 해에 총인구수는 52,000천 명 미만이다.

① a ② c ③ a, b ④ b, c ⑤ a, b, c

[14-15] 다음은 제조사별 자동차 판매 현황을 나타낸 자료이다. 각 물음에 답하시오.

[제조사별 자동차 판매량]

(단위: 대)

구분	H사	G사	K사	C사	S사	R사	합계
2023년	632,152	61,345	530,370	93,194	109,240	90,369	1,516,670
2024년	658,408	56,801	519,806	76,647	107,629	86,859	1,506,150
2024년 증감률(%)	4.2	-7.4	-2.0	-17.8	-1.5	-3.9	-0.7

※ 증감률은 전년 대비 증감률을 의미함

[제조사별 자동차 판매 점유율]

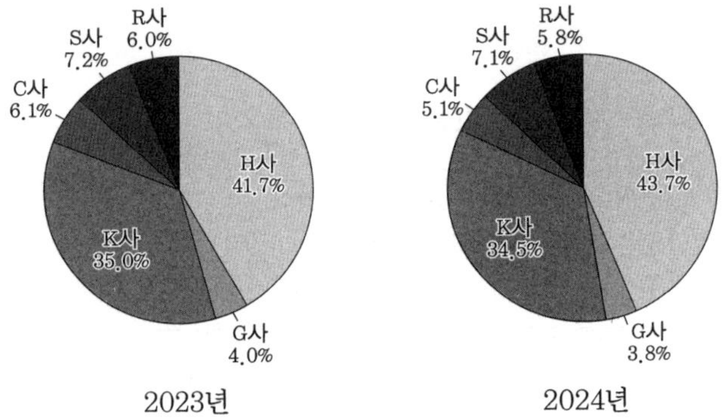

14. 다음 중 자료에 대한 설명으로 옳은 것을 모두 고르시오.

a. H사를 제외한 제조사별 2023년과 2024년 자동차 판매 점유율의 차이가 가장 큰 제조사는 K사이다.
b. 연도별로 자동차 판매량이 많은 제조사부터 순서대로 나열했을 때, 2023년과 2024년의 순위가 서로 다른 제조사들의 2023년 자동차 판매량의 합은 183,000대 이상이다.
c. 2024년 자동차 판매량이 전년 대비 10% 이상 감소한 제조사의 2024년 자동차 판매 점유율은 가장 낮다.

① a ② b ③ a, b ④ b, c ⑤ a, b, c

15. 다음 중 자료에 대한 설명으로 옳지 않은 것을 고르시오.

① 2024년 자동차 판매 점유율이 전년 대비 증가한 제조사는 1개이다.
② 제시된 제조사 중 2024년 자동차 판매량의 전년 대비 변화율이 가장 큰 제조사는 C사이다.
③ 2023년 S사 자동차 판매량 대비 K사 자동차 판매량의 비율은 4.5 이상이다.
④ 2024년 자동차 판매량이 전년 대비 증가한 제조사의 2024년 자동차 판매량은 전년 대비 260백 대 이상 증가하였다.
⑤ 2024년 제시된 6개 제조사의 전체 자동차 판매량에서 R사 자동차 판매량이 차지하는 비중은 전년 대비 0.1%p 감소하였다.

[16－17] 다음은 산업별 현 인원 및 부족 인원에 대한 자료이다. 각 물음에 답하시오.

[산업별 현 인원 및 부족 인원]

(단위: 명)

구분	2021년		2022년		2023년		2024년	
	현 인원	부족 인원	현 인원	부족 인원	현 인원	부족 인원	현 인원	부족 인원
A 산업	98,550	2,021	106,434	2,235	103,980	2,544	109,179	2,645
B 산업	533,000	16,080	534,790	20,135	535,160	20,986	561,918	21,823
C 산업	431,530	6,898	441,660	6,390	442,570	6,280	464,980	6,530
D 산업	773,685	11,848	767,120	16,880	789,178	19,412	831,063	20,184
E 산업	703,625	41,735	703,635	40,620	703,966	44,934	752,232	43,620

※ 부족률(%) = {부족 인원 / (현 인원 + 부족 인원)} × 100

16. 다음 중 자료에 대한 설명으로 옳지 않은 것을 모두 고르시오.

a. 2023년 D 산업의 부족 인원은 전년 대비 15% 증가하였다.
b. 2022년 A 산업의 현 인원은 전년 대비 8% 증가하였다.
c. 제시된 산업 중 2024년 현 인원의 전년 대비 증가 인원이 가장 많은 산업은 D 산업이다.

① a ② c ③ a, b ④ b, c ⑤ a, b, c

17. 다음 중 자료에 대한 설명으로 옳은 것을 고르시오.

① 2023년 부족 인원이 다른 산업에 비해 가장 많은 산업은 D 산업이다.
② 2024년 부족률은 B 산업이 D 산업보다 작다.
③ 2022년 A 산업 현 인원 대비 E 산업 현 인원의 비율은 6.5 미만이다.
④ 2024년 C 산업의 부족률은 전년 대비 감소하였다.
⑤ 2022년 이후 부족 인원의 전년 대비 증감 추이가 A 산업과 동일한 산업은 총 3개이다.

18. 다음은 인원수 및 생산시간에 따른 생산량을 나타낸 자료이다. 자료를 보고 A, B에 해당하는 값을 예측했을 때 가장 타당한 값을 고르시오.

[인원수 및 생산시간에 따른 생산량]

구분	인원수(명)	생산시간(시간)	생산량(개)
1일 차	35	12	( )
2일 차	40	( )	5,042
3일 차	28	10	2,942
4일 차	36	8	( )
5일 차	42	14	8,444

※ 생산량 = {(A + 생산시간^2) × 인원수} + B

	A	B
①	4	20
②	4	30
③	5	2
④	5	3
⑤	5	4

19. 다음은 부품별 제조 원가 및 판매가에 대한 자료이다. 이를 바탕으로 부품별 마진율을 바르게 나타낸 것을 고르시오.

[부품별 제조 원가 및 판매가]

(단위: 천 원)

구분	A 부품	B 부품	C 부품	D 부품	E 부품
제조 원가	1,500	1,750	1,350	1,200	1,850
판매가	2,000	2,500	1,800	1,500	2,500

※ 마진율(%) = {(판매가 − 제조 원가) / 판매가} × 100

①
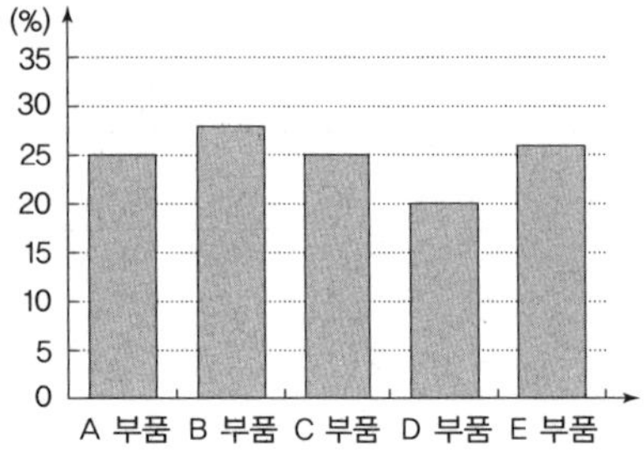

②
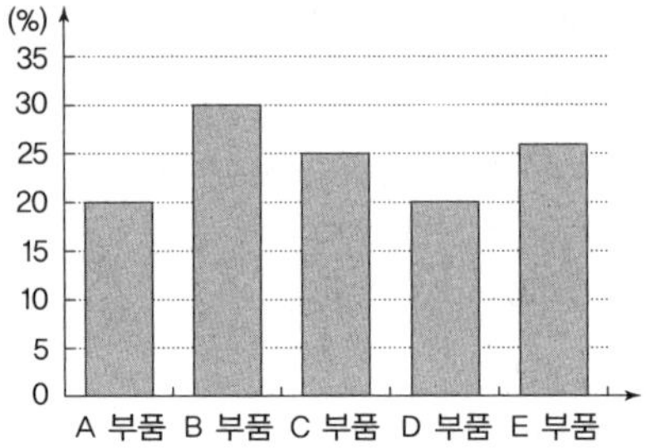

③
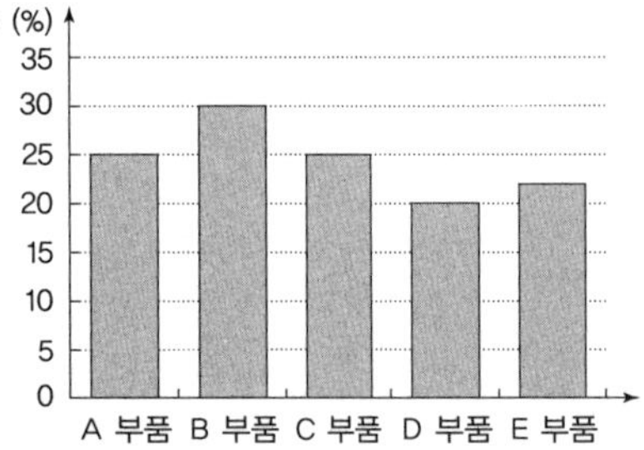

④
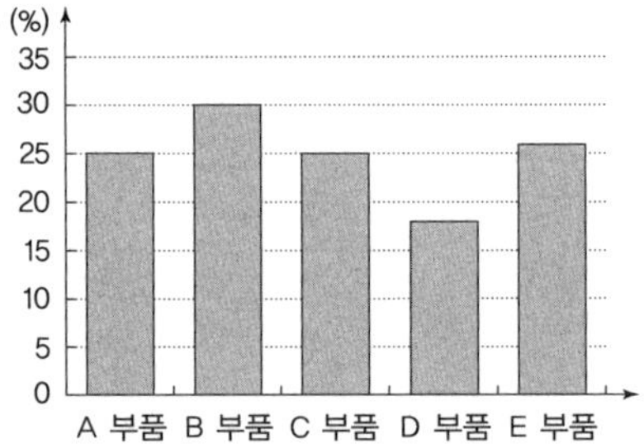

⑤
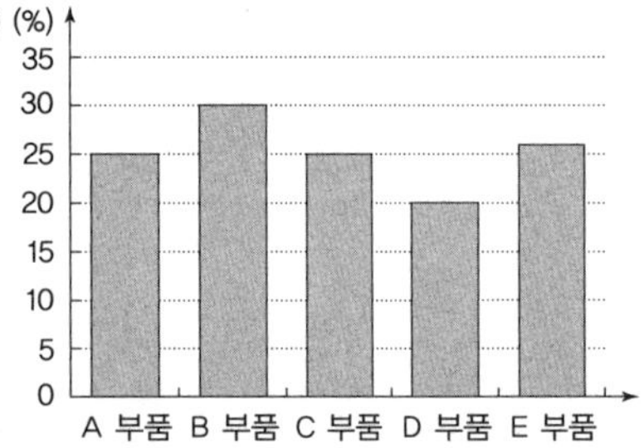

20. 다음은 A 제품과 B 제품의 연도별 생산량을 나타낸 자료이다. 제품별 생산량은 일정한 규칙으로 변화할 때, 2028년 A 제품과 B 제품의 생산량의 합은?

[연도별 생산량]

(단위: 천 개)

구분	2018년	2019년	2020년	2021년	2022년
A 제품	1,256	1,276	1,296	1,316	1,336
B 제품	1,137	1,157	1,178	1,200	1,223

① 2,789천 개　② 2,814천 개　③ 2,820천 개　④ 2,832천 개　⑤ 2,838천 개

약점 보완 해설집 p.16

추리

총 30문항/30분

▶ 해설 p.19

[01 – 02] **다음 전제를 읽고 반드시 참인 결론을 고르시오.**

01.

전제	자전거를 타는 모든 사람은 킥보드를 타지 않는다.
	테니스를 하는 어떤 사람은 킥보드를 탄다.
결론	

① 자전거를 타는 모든 사람은 테니스를 한다.

② 자전거를 타지 않는 어떤 사람은 테니스를 한다.

③ 테니스를 하는 어떤 사람은 자전거를 탄다.

④ 자전거를 타는 어떤 사람은 테니스를 하지 않는다.

⑤ 테니스를 하는 모든 사람은 자전거를 타지 않는다.

02.

전제	품질이 좋은 모든 제품은 인기가 있다.
	가격이 비싼 어떤 제품은 품질이 좋다.
결론	

① 가격이 비싼 모든 제품은 인기가 있다.

② 인기가 있는 어떤 제품은 가격이 비싸지 않다.

③ 가격이 비싼 어떤 제품은 인기가 있다.

④ 인기가 없는 모든 제품은 가격이 비싸다.

⑤ 가격이 비싼 모든 제품은 인기가 없다.

03. **다음 결론이 반드시 참이 되게 하는 전제를 고르시오.**

전제	한식 자격증이 있는 모든 사람은 양식 자격증이 있다.
결론	양식 자격증이 없는 모든 사람은 일식 자격증이 없다.

① 한식 자격증이 있는 어떤 사람은 일식 자격증이 있다.

② 한식 자격증이 있는 모든 사람은 일식 자격증이 있다.

③ 일식 자격증이 있는 어떤 사람은 한식 자격증이 있다.

④ 일식 자격증이 있는 모든 사람은 한식 자격증이 있다.

⑤ 일식 자격증이 있는 모든 사람은 한식 자격증이 없다.

04. **A, B, C, D, E 다섯 명은 한식, 중식, 일식 중 한 가지 메뉴를 선택하여 6인용 원형 테이블에서 식사를 한다. 다음 조건을 모두 고려하였을 때, 항상 참인 것을 고르시오.**

- A의 바로 왼쪽에는 C가 앉으며, D는 A와 이웃하여 앉지 않는다.
- 한식을 선택한 사람의 양옆에는 일식을 선택한 사람이 앉지 않는다.
- A와 E는 마주 보고 앉지 않는다.
- 중식을 선택한 사람은 두 명이며, D의 맞은편에 앉은 사람은 없다.
- D는 중식을 선택하지 않고, C는 한식을 선택한다.
- 중식을 선택한 사람은 나란히 앉지 않는다.

① A는 일식을 선택한다.

② B가 중식을 선택하면, E는 한식을 선택한다.

③ C의 바로 왼쪽에 앉은 사람은 없다.

④ 한식을 선택한 사람은 3명이다.

⑤ E는 빈자리 바로 오른쪽에 앉는다.

05. A, B, C, D, E, F 6명은 각자 1번 이상씩 빨래를 한다. 다음 조건을 모두 고려하였을 때, 항상 참인 것을 고르시오.

> • 6명의 빨래 횟수는 총 12번이다.
> • B는 빨래를 1번만 한다.
> • C와 D의 빨래 횟수는 같다.
> • A의 빨래 횟수는 3번 이상이다.
> • F의 빨래 횟수는 E보다 많다.

① E는 빨래를 3번 한다.

② D와 E의 빨래 횟수는 같다.

③ A, C의 빨래 횟수의 합이 D, E, F의 빨래 횟수의 합보다 크면, C는 빨래를 1번 한다.

④ F의 빨래 횟수가 A보다 많으면, A는 빨래를 3번 한다.

⑤ C와 F의 빨래 횟수가 같으면, A는 빨래를 5번 한다.

06. A, B, C, D, E 5명은 한식과 양식 중 한 가지 메뉴를 선택한다. 다음 조건을 모두 고려하였을 때, 5명 중 양식을 선택하지 않는 사람을 고르시오.

> • 5명 중 한식을 선택한 사람은 거짓, 양식을 선택한 사람은 진실을 말한다.
> • A와 E는 같은 종류의 메뉴를 선택한다.
> • C는 거짓을 말한다.
> • D와 E는 서로 다른 종류의 메뉴를 선택한다.
> • 진실을 말하는 사람은 3명이다.

① A, E　　② B, C　　③ C, D　　④ A, B, E　　⑤ A, C, E

07. **3층짜리 건물의 1~6번 벽에 빨간색, 주황색, 노란색, 초록색, 파란색, 보라색 6가지 색 중 1가지 색을 칠하려고 한다. 다음 조건을 모두 고려하였을 때, 항상 거짓인 것을 고르시오.**

- 1~6번 벽은 서로 다른 색으로 칠한다.
- 1번 벽은 초록색으로 칠한다.
- 6번 벽은 빨간색으로 칠한다.
- 노란색은 파란색보다 번호가 작은 벽에 칠한다.
- 보라색은 파란색보다 번호가 큰 벽에 칠한다.

3층	5번	6번
2층	3번	4번
1층	1번	2번

① 주황색과 보라색은 같은 층의 벽에 칠한다.

② 3번 벽은 파란색으로 칠한다.

③ 노란색과 주황색으로 칠한 벽의 번호는 1만큼 차이가 난다.

④ 주황색은 노란색보다 번호가 큰 벽에 칠한다.

⑤ 빨간색과 보라색은 같은 층의 벽에 칠한다.

08. **등산동호회 회원인 A, B, C, D, E, F 6명은 등산을 하기 위해 약속 장소에 모였고, 8시에 도착한 회원 1명이 6명 중 가장 먼저 도착하였다. 다음 조건을 모두 고려하였을 때, 항상 거짓인 것을 고르시오.**

- 6명이 도착한 시간은 2분씩 차이가 나며, 동시에 도착한 사람은 없다.
- E는 B보다 6분 먼저 도착하였다.
- A는 F보다 늦게 도착하였다.
- C는 B와 F가 도착한 순서 사이에 도착하였다.
- D는 8시 또는 8시 2분에 도착하였다.
- A는 가장 늦게 도착하지 않았다.

① F는 8시에 도착하였다.

② B는 가장 늦게 도착하였다.

③ A와 C가 도착한 순서는 인접하지 않는다.

④ D는 B보다 8분 먼저 도착하였다.

⑤ E는 8시 4분에 도착하였다.

09. 갑, 을, 병, 정, 무 5명 중 2명은 운동화 사이즈가 230, 나머지 3명은 운동화 사이즈가 240이다. 각자 자신의 운동화 사이즈에 맞춰 응모에 참여했으며, 5명 중 당첨자는 1명이고 당첨자만 거짓을 말했을 때, 당첨자를 고르시오.

- 갑: 나의 운동화 사이즈는 230이야.
- 을: 나의 운동화 사이즈는 정과 달라.
- 병: 을의 운동화 사이즈는 230이야.
- 정: 병의 운동화 사이즈는 240이야.
- 무: 나의 운동화 사이즈는 240이야.

① 갑 ② 을 ③ 병 ④ 정 ⑤ 무

10. 6인석 테이블에 A, B, C, D, E, F가 앉으려고 한다. 다음 조건을 모두 고려하였을 때, 항상 참인 것을 고르시오.

- A는 4번 좌석에 앉는다.
- B와 D는 서로 다른 행에 앉는다.
- C와 E는 같은 행에 앉는다.
- E와 F는 같은 열에 앉는다.

	1열	2열	3열
1행	1번	3번	5번
2행	2번	4번	6번

① C가 3번 자리에 앉으면, E는 1번 자리에 앉는다.

② C가 5번 자리에 앉으면, B와 D가 앉는 좌석의 번호는 3만큼 차이 난다.

③ D가 1행에 앉으면, 가능한 경우의 수는 2가지이다.

④ F가 3열에 앉으면, 가능한 경우의 수는 6가지이다.

⑤ C와 E가 앉는 좌석의 번호가 2만큼 차이 나면, 가능한 경우의 수는 3가지이다.

11. 가영, 나은, 다희, 라율 4명은 활쏘기 시합을 하였다. 다음 조건을 모두 고려하였을 때, 항상 거짓인 것을 고르시오.

- 4명은 3발씩 쏘았으며, 화살 한 발당 득점 가능한 점수는 6~10점으로 정수이다.
- 총점수는 가영이가 가장 낮고, 나은이가 가장 높다.
- 다희의 총점수는 22점이다.
- 라율이는 7점을 두 번 쐈다.
- 가영이는 8점을 한 번 쐈다.
- 동점자는 존재하지 않는다.

① 20점 미만을 쏜 사람은 없다.

② 다희는 3등이다.

③ 총점수가 30점인 사람은 없다.

④ 가영이의 총점수가 21점이면, 라율이는 3등이다.

⑤ 라율이의 총점수가 24점이면, 가영이의 총점수는 20점이다.

12. A, B, C, D 4명은 1~9까지의 숫자가 적혀 있는 카드 중 서로 다른 카드를 한 장씩 받았고, 4명 중 홀수를 받은 학생 1명은 거짓, 짝수를 받은 학생 3명은 진실을 말했다. 다음 조건을 모두 고려하였을 때, 항상 참인 것을 고르시오.

- 4명이 받은 카드 숫자의 총합은 17이다.
- A: 거짓을 말하는 사람은 나보다 작은 수의 카드를 받았어.
- B: 나는 숫자 8을 받았어.
- C: 내가 받은 숫자는 4명 중 가장 큰 수야.
- D: C는 거짓을 말하고 있어.

① D가 받은 숫자는 2이다.

② 숫자 6을 받은 학생은 없다.

③ 가능한 경우의 수는 2가지이다.

④ 4명이 받은 카드 중 가장 작은 수는 1이다.

⑤ 4명이 받은 카드 중 가장 큰 수는 8이다.

13. **갑, 을, 병, 정, 무 5명은 클라이밍 1~4번 4가지 코스 중 1가지 코스를 이용한다. 다음 조건을 모두 고려하였을 때, 항상 참인 것을 고르시오.**

- 각 코스는 3명 이상이 이용할 수 없다.
- 을과 정은 같은 코스를 이용한다.
- 무는 2번 코스를 이용한다.
- 갑과 무는 같은 코스를 이용하지 않는다.
- 정은 3번 코스를 이용하지 않는다.

① 병과 무가 같은 코스를 이용하면, 갑은 3번 코스를 이용한다.

② 을이 1번 코스를 이용하면, 갑과 병은 같은 코스를 이용한다.

③ 갑과 병이 3번 코스를 이용하면, 가능한 경우의 수는 3가지이다.

④ 병이 4번 코스를 이용하면, 가능한 경우의 수는 2가지이다.

⑤ 1번 코스를 이용하는 사람이 없다면, 가능한 경우의 수는 4가지이다.

14. **A, B, C, D, E, F, G 7명은 9인용 자동차에 앞을 보고 앉으려고 한다. 다음 조건을 모두 고려하였을 때, 항상 <u>거짓</u>인 것을 고르시오.**

- E는 운전석에 앉는다.
- C는 G와 옆으로 이웃하여 앉는다.
- A는 맨 앞줄에, B는 맨 뒷줄에 앉는다.
- B의 바로 앞 좌석은 비어있다.
- A의 양옆 좌석에 앉아 있는 사람이 있다.
- D의 바로 앞 좌석에 G가 앉는다.

앞

	운전석	2번	3번	
왼쪽	4번	5번	6번	오른쪽
	7번	8번	9번	

뒤

① G가 5번 좌석에 앉으면, C는 4번 좌석에 앉는다.

② C가 4번 좌석에 앉으면, 9번 좌석은 비어있다.

③ F의 바로 뒷좌석이 비어있으면, D는 8번 좌석에 앉는다.

④ 9번 좌석이 비어있으면, B와 D는 옆으로 이웃하여 앉는다.

⑤ F가 3번 좌석에 앉으면, 가능한 경우의 수는 4가지이다.

[15 – 17] 다음 도형에 적용된 규칙을 찾아 '?'에 해당하는 도형을 고르시오.

15.

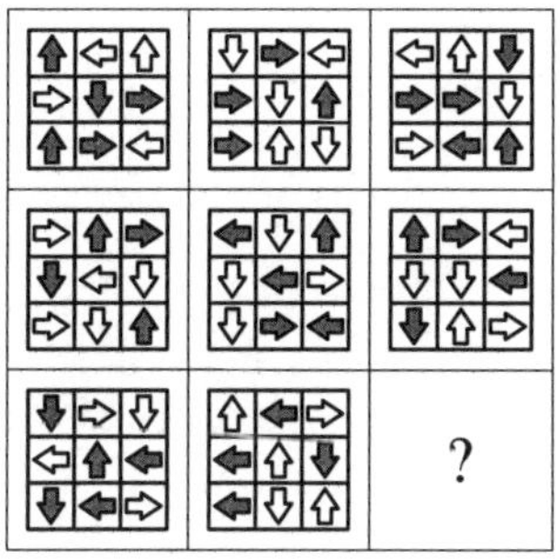

①

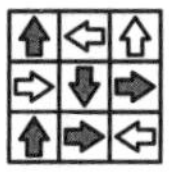

②

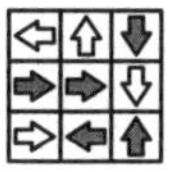

③

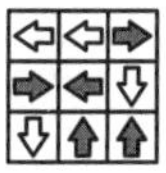

④

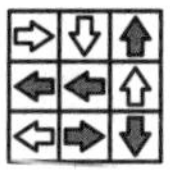

⑤

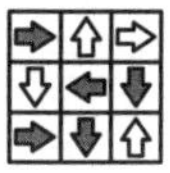

16.

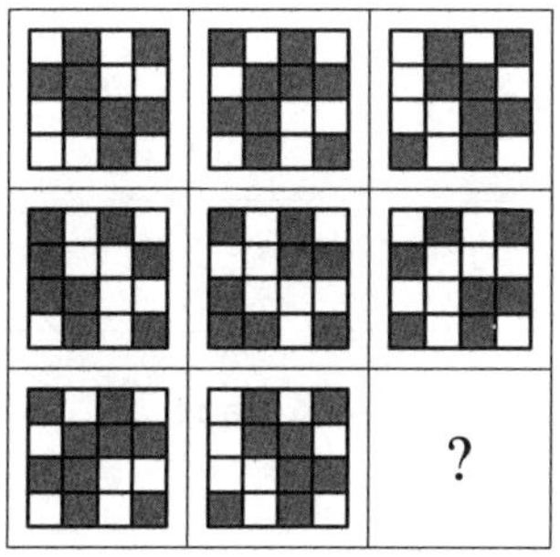

①

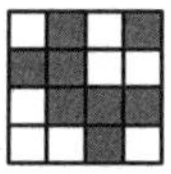

②

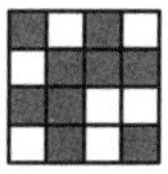

③

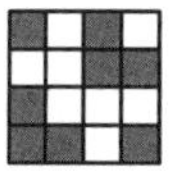

④

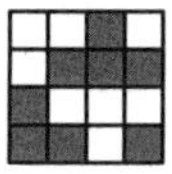

⑤

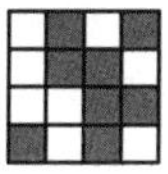

17.

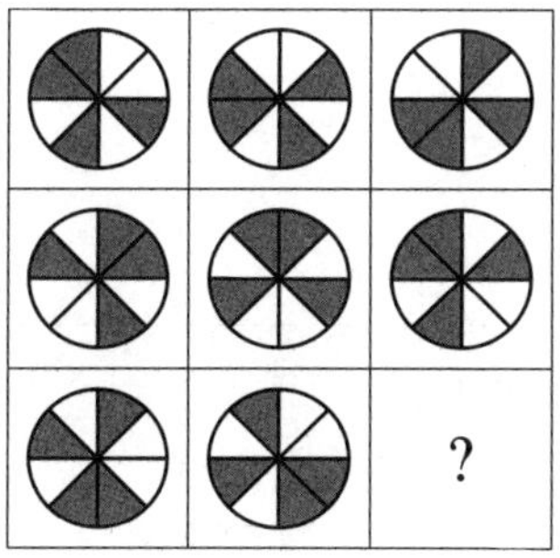

①

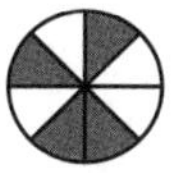

②

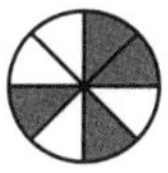

③

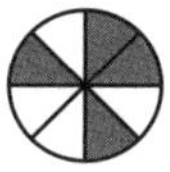

④

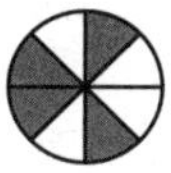

⑤

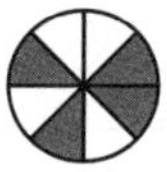

[18 - 21] 다음 각 기호가 문자, 숫자의 배열을 바꾸는 규칙을 나타낸다고 할 때, 각 문제의 '?'에 해당하는 것을 고르시오.

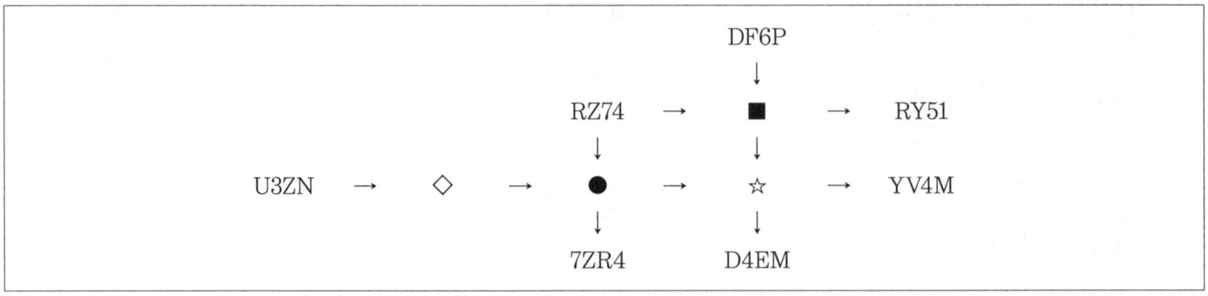

18.

SGGZ → ● → ☆ → ?

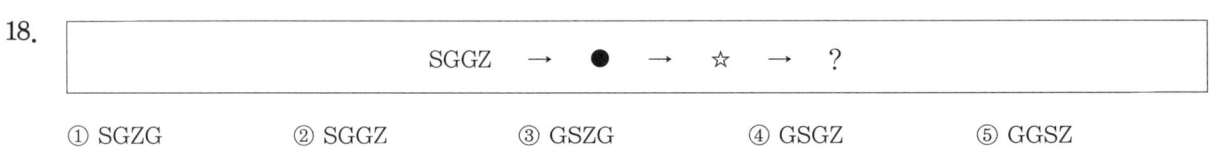

① SGZG ② SGGZ ③ GSZG ④ GSGZ ⑤ GGSZ

19.

2567 → ■ → ☆ → ◇ → ?

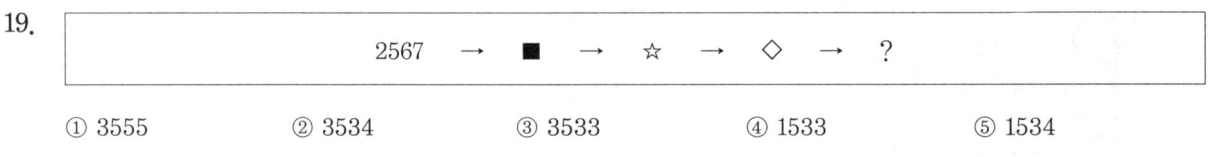

① 3555 ② 3534 ③ 3533 ④ 1533 ⑤ 1534

20.

? → ◇ → ● → C8U3

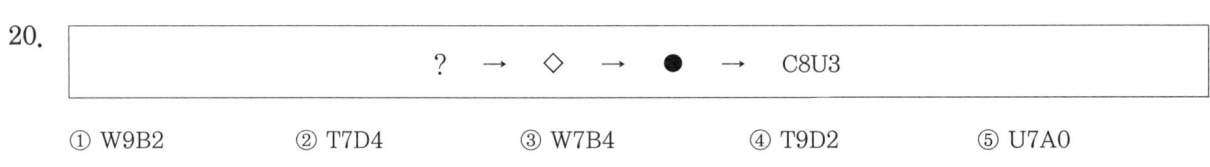

① W9B2 ② T7D4 ③ W7B4 ④ T9D2 ⑤ U7A0

21.

? → ☆ → ■ → ◇ → 92WM

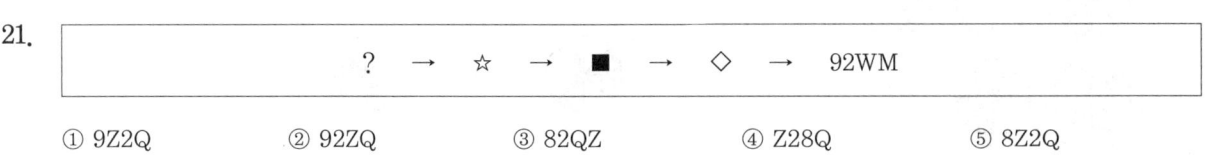

① 9Z2Q ② 92ZQ ③ 82QZ ④ Z28Q ⑤ 8Z2Q

22. **다음 문단을 논리적 순서대로 알맞게 배열한 것을 고르시오.**

(A) CSV는 이전에 각광받았던 CSR(기업의 사회적 책임)과 비슷해 보일 수 있지만 두 개념은 엄밀히 구별된다. 가장 큰 차이는 기업의 사회 공헌 활동에 대해 CSR은 이윤의 극대화와 관련 없는 자선적 활동으로 보는 반면 CSV는 기업의 경쟁력을 향상시키고 장기적인 발전을 이루는 데 반드시 필요한 요소로 인식한다는 점이다.
(B) 최근 CSV(공유 가치 창출)가 기업의 새로운 경영 전략으로 부상하고 있다. CSV란 경영 전략분야의 세계적 권위자인 마이클 포터 교수가 창안한 개념으로, 기업이 경영활동을 통해 경제적 이윤과 사회적 가치를 동시에 추구하는 것을 의미한다.
(C) 물론, CSV가 지나치게 기업 중심적으로 추진되고 있다는 비판적인 의견도 있으나, 기업의 이윤 추구와 사회적 공헌이라는 양자의 이분법적 구도를 넘어서는 대안으로서 CSV는 그 의의가 절대 작지 않다.
(D) 또한, CSV는 CSR에 비해 상대적으로 사회 공헌 활동을 위한 비용 부담이 적다는 이점을 가지고 있다. 그래서 CSR의 경우 기업에 손실이 발생하면 사회 공헌 활동을 즉시 중지하지만, CSV는 경제적 손실과 상관없이 지속될 수 있다. 많은 기업이 CSV에 주목하는 이유도 바로 여기에 있다.

① (A) – (B) – (C) – (D)
② (A) – (B) – (D) – (C)
③ (B) – (A) – (C) – (D)
④ (B) – (A) – (D) – (C)
⑤ (B) – (D) – (A) – (C)

23. 다음 문단을 논리적 순서대로 알맞게 배열한 것을 고르시오.

(A) 기존 조울증 치료는 여러 약물을 투약한 뒤 환자에게 효과가 있는 방법을 찾아내는 방식으로 진행됐는데, 해당 연구를 통해 SHANK3로 표적을 좁힐 수 있다는 가능성이 제시되었기 때문이다.

(B) 연구팀은 신경세포의 연결부인 시냅스의 기능을 조절하는 유전자 SHANK3가 손상되면 자폐증이나 조현병 등이 나타나는데, 반대로 과발현된 경우에 대해서는 정확히 밝혀진 바가 없다는 점에 주목했다. 이에 유전자를 조작해 SHANK3만 강화한 쥐를 만들어 냈고, 이 쥐들이 우리 안에서 과잉행동을 하며 조증 증세를 보이는 것을 확인했다.

(C) 여기서 더 나아가 연구팀은 정신질환자 중 해당 실험용 쥐와 같이 SHANK3만 과발현된 사람 2명을 찾아내, SHANK3의 강화가 조울증을 유발한다는 것을 규명했다. 물론 이러한 연구 결과를 지금 당장 임상 치료로 연결하기는 어렵겠지만, 장기적으로는 조울증 치료제를 만드는 데 활용될 수 있을 것으로 보인다.

(D) 조울증은 기분이 시도 때도 없이 들뜨는 조증(躁症)과 반대로 지나치게 가라앉는 울증(鬱症)이 번갈아 나타나는 정신질환이다. '양극성 장애'라고도 하며 치료를 위해서는 일반적으로 약물치료와 정신치료를 병행해야 한다. 이와 관련하여, 세계적인 과학 저널 〈네이처〉는 미국의 한 연구팀이 조울증을 일으키는 특정 유전자가 있다는 것을 발견했다고 전했다.

① (B) - (D) - (A) - (C)
② (B) - (D) - (C) - (A)
③ (D) - (A) - (B) - (C)
④ (D) - (B) - (A) - (C)
⑤ (D) - (B) - (C) - (A)

24. **다음 진술이 모두 참이라고 할 때 반드시 <u>거짓</u>일 수밖에 없는 것을 고르시오.**

> 미국의 군수업체인 레이시언(Raytheon)에 근무하던 퍼시 스펜서는 '마그네트론'이라는 장치 옆에서 작업하던 중 주머니 속에 넣어두었던 초콜릿이 녹아 버린 것을 발견했다. 마그네트론은 제2차 세계대전 당시 존 랜들과 해리 부트라는 영국 과학자들이 발명한 파장이 짧은 고주파인 마이크로파를 만들어내는 장치로, 레이더의 성능 향상에 크게 기여한 장치였다. 스펜서는 초콜릿이 녹은 것은 마그네트론이 만들어내는 마이크로파와 관련 있다고 생각했다. 그리고 그는 연구를 거듭한 끝에 마이크로파를 이용하여 음식을 조리하는 기계 '전자레인지'를 개발하였다. 1947년에 처음으로 판매된 전자레인지는 크고 무거울 뿐 아니라 가격도 비싸서 레스토랑, 항공사 등에서 상업용으로만 이용되었다. 이후 기술 개발을 통해 크기가 작고 가격이 저렴한 전자레인지가 발명되어 일반 가정에도 널리 보급될 수 있었다. 그렇다면 전자레인지는 어떻게 음식을 데우는 걸까? 전자레인지를 작동할 때 발생하는 마이크로파는 유리나 도자기와 같은 물질은 그대로 통과하지만, 음식물 속에 있는 물 분자에는 잘 흡수된다. 물 분자에 흡수된 마이크로파가 물 분자를 진동시켜 물 분자끼리 서로 충돌하게 되고, 이 충돌에 의해 물 분자의 운동에너지가 열에너지로 변한다. 이로 인해 음식물의 온도가 올라가게 되므로 수분이 있는 모든 음식물은 전자레인지로 조리할 수 있다. 한편 금속은 마이크로파를 반사하기 때문에 금속 용기나 알루미늄 포일로 포장된 음식을 전자레인지로 조리하면 음식이 가열되지 않을뿐더러 반사된 마이크로파가 전자레인지 내부 벽면의 금속과 마찰을 일으켜 화재가 발생할 수도 있다. 또한, 끝이 날카로운 금속의 경우 끝부분에 마이크로파가 집중되어 화재의 위험이 더욱 높아진다.

① 전자레인지로 음식을 데울 때는 마이크로파를 통과시킬 수 있는 용기를 사용해야 한다.

② 처음 출시되었을 당시의 전자레인지는 일반 가정에서 사용하기에 적합하지 않았다.

③ 수분이 함유되어 있는 식품이라면 전자레인지로 조리할 수 있다.

④ 음식을 알루미늄 포일로 덮은 뒤 전자레인지로 조리하면 음식 온도가 쉽게 높아지지 않게 된다.

⑤ 오늘날 우리가 사용하는 전자레인지는 마그네트론을 발명한 사람이 우연히 개발한 것이다.

25. **다음 진술이 모두 참이라고 할 때 반드시 거짓일 수밖에 없는 것을 고르시오.**

> 한국식품연구원은 비만 정도를 측정하는 BMI(체질량지수)와 생활 습관 간의 관계를 분석한 결과, 성별에 따라 비만에 영향을 미치는 생활 습관이 다른 것으로 나타났다고 발표했다. 남성의 경우 외식을 자주 할수록 비만이 될 확률이 높아졌지만, 여성은 외식을 자주 할 경우 오히려 평균 BMI가 더 낮게 나타났다. 한편 아침 식사 습관 역시 마찬가지의 결과가 나왔다. 아침을 자주 거르는 남성은 그렇지 않은 남성에 비해 비만이 될 확률이 30% 이상 높은 반면에, 여성은 아침을 잘 챙겨 먹지 않을수록 비만이 될 확률이 낮아지는 것으로 나타났다. 운동의 경우, 일주일에 5~7회 걷기운동을 하는 남성은 비만이 될 확률이 17% 낮아졌지만, 여성은 그 효과가 크지 않았다.

① 남성은 아침을 자주 거를수록 살이 찔 확률이 높아진다.

② 여성의 경우 외식 횟수와 비만이 될 확률이 반비례하는 경향이 있다.

③ 남성의 경우 비만을 예방하기 위해 아침 식사를 챙겨 먹고 외식 횟수를 줄이는 것이 좋다.

④ 여성에 비해 남성은 걷기운동을 자주 해도 비만이 될 확률을 낮추기 어렵다.

⑤ 아침을 자주 거르는 여성보다 아침을 잘 챙겨 먹는 여성의 평균 BMI가 높다.

26. 다음 내용을 바탕으로 추론할 수 있는 것을 고르시오.

열대성저기압은 북태평양, 카리브해, 아라비아해, 동태평양, 남인도양 등의 열대 해상에서 발생하는 저기압으로, 중심기압이 950hPa 이하로 내려갈 만큼 매우 낮다. 시속 120~200km의 강풍이 저기압의 중심을 향해 선회하면서 불어 들고, 원형에 가까운 지름 200~500km의 지역에는 폭우가 내린다. 이러한 열대성저기압을 동부 아시아에서는 '태풍', 서인도제도와 미국에서는 '허리케인', 인도양과 호주에서는 '사이클론'이라고 한다. 과거 호주에서는 열대성저기압을 '윌리윌리'라고 부르기도 하였지만, 현재는 해당 기상용어를 없애고 사이클론으로 표기하고 있다. 일단 열대성저기압이 형성되면 다습한 열대 해상의 공기가 모여들어 상승하므로 열대성저기압은 수증기로부터 엄청난 양의 에너지를 공급받아 세력을 강화한다. 그리고 시속 10~20km 속도로 이동하다가 육지로 상륙하여 수분의 공급이 급격히 줄어들면 소멸하게 된다. 이 과정에서 강력한 돌풍과 폭우를 동반해 극심한 풍수 피해를 주는 경우가 많다. 한편 열대성저기압이 지나갈 때 갑자기 하늘이 맑게 개는 현상이 일어나는데, 이는 '태풍의 눈'이 다가왔기 때문이다. 열대성저기압의 중심부에 해당하는 태풍의 눈은 강한 원심력에 의해 공기가 하강하여 하늘이 맑고 바람이 불지 않는다. 하지만 열대성저기압은 계속 이동하므로 맑은 날씨는 길어봐야 30분 정도만 유지된다.

① 열대성저기압은 시속 120km에 가까운 속도로 이동할 수 있다.

② 수분 공급이 중단되면 열대성저기압의 위력도 점차 약해진다.

③ 현재 호주에서는 열대성저기압을 '윌리윌리'라고 부른다.

④ 열대성저기압은 기온이 낮은 바다에서 발생한다.

⑤ 태풍의 눈이 다가오면 맑은 하늘을 볼 수 없다.

27. **다음 진술이 모두 참이라고 할 때 반드시 거짓일 수밖에 없는 것을 고르시오.**

> 남아메리카 대륙의 남부는 긴 삼각형 모양을 띠는데, 이 부분을 파타고니아라고 한다. 정확하게는 남아메리카 대륙의 남위 38°선 이남 지역을 말하며, 안데스산맥을 기준으로 서부는 칠레, 동부는 아르헨티나 영토에 속한다. 파타고니아는 대체로 서늘하고 강한 바람이 부는 기후가 나타나지만, 위치와 지형에 따라 강수량과 기온 등에서 차이를 보인다. 칠레 파타고니아는 한랭한 해양성 기후가 나타나며, 태평양 방면의 해안 지역의 경우 남북의 강수량 편차가 커서, 남쪽 해안으로 갈수록 강설(强雪)이 자주 발생한다는 특징이 있다. 한편, 아르헨티나 파타고니아는 한랭한 스텝 기후가 지배적인데, 여기서 스텝 기후란 건조한 기후 중에서도 비교적 건조한 정도가 약해 스텝이라는 키 작은 초지가 형성되는 기후를 말한다. 이곳의 겨울철 기온은 내륙 고원 지대와 남극 가까이에 갈수록 낮아지고, 대서양 방면의 해안 지역은 동일 위도상의 태평양 연안보다 여름철 기온이 높게 나타나는 특징이 있다. 태평양에서 불어오는 편서풍의 영향으로 강수량이 많은 칠레 파타고니아와 달리, 안데스산맥의 동쪽은 비그늘 효과로 강수량이 적고 건조하다. 이에 따라 건조한 기후로 인해 넓은 고원 지대가 발달했고, 일부 지역에서는 사막을 볼 수 있기도 하다. 기후적인 특징으로 인하여 파타고니아는 넓은 초원을 바탕으로 한 목축업과 강한 바람을 동력으로 하는 풍력발전이 발달하였으며, 최근엔 안데스산맥의 아르헨티노호와 같은 여러 빙하호가 관광 명소로 유명해지면서 관광 산업이 떠오르고 있다.

① 파타고니아의 태평양 연안 지역은 북쪽으로 갈수록 눈이 적게 내린다.
② 칠레 파타고니아와 아르헨티나 파타고니아 모두 바람이 많이 부는 편이다.
③ 최근 파타고니아의 빙하호를 관광하고자 하는 사람들이 증가하고 있다.
④ 여름에는 파타고니아의 대서양 연안 지역이 동 위도의 칠레 해안 지역보다 더 덥다.
⑤ 비가 적게 내리는 안데스산맥 서쪽 파타고니아에서는 사막이 나타나기도 한다.

28. **다음 주장에 대한 반박으로 가장 타당한 것을 고르시오.**

> 우리나라는 이미 반려동물 천만 시대가 도래하였을 만큼 강아지나 고양이 등 동물을 키우는 사람이 많다. 하지만 많은 사람이 반려동물로 기르는 강아지는 여러 기생충에 쉽게 노출되어 감염될 가능성이 높을 뿐만 아니라 이들이 감염된 기생충은 주인에게 옮겨져 건강을 해칠 수 있어 사람의 주거 공간과 분리된 곳에서 키워야 한다. 반려견이 흔히 감염되는 기생충에는 회충, 구충, 편충 등이 있는데, 특히 구충에 감염되면 강아지의 장기 조직에 손상을 입혀 생명이 위험해질 수도 있다. 게다가 이 기생충은 사람의 피부로 이동하여 구선병을 유발할 수 있으며, 실제로 어린아이가 감염된 사례도 있는 것으로 알려졌다.

① 반려견은 여러 질병을 전염시키므로 면역력이 약한 사람은 강아지와의 접촉을 자제해야 한다.

② 반려견을 키우면 심리적인 안정감을 얻을 수 있으므로 사람의 정신건강에 긍정적인 영향을 미친다.

③ 반려견에게 주기적으로 구충제를 먹이고 예방접종을 시행하면 기생충 감염을 충분히 예방할 수 있다.

④ 반려견에게서 사람으로 옮겨진 기생충 중에 사람의 건강에 유익한 기생충도 있는 것으로 알려져 있다.

⑤ 반려견이 기생충에 감염될 경우 사람의 건강을 위협하므로 실외 견사에서 기르도록 권장해야 한다.

29. **다음 글을 바탕으로 아래 〈보기〉를 이해한 내용으로 적절한 것을 고르시오.**

과거의 기업들은 고객이 원하고 필요로 하는 바를 조사하여 이를 충족시키는 것, 즉 고객의 가려운 곳을 긁어 주는 것을 마케팅 목표로 삼았다. 하지만 마케팅 분야의 석학 필립 코틀러 교수는 오늘날 고객의 욕구 중 기업이 포착하지 못하는 영역은 더 이상 남아 있지 않다고 주장했다. 사실상 시장에는 고객의 다양한 욕구와 필요를 모두 충족시키고도 남을 만큼 수많은 상품이 출시되어 있고, 고객이 고민하는 것은 그 많은 상품 중 어떤 것을 선택해야 하는가이다. 그러므로 이제 기업이 할 일은 고객 자신조차 인지하지 못하고 있는 잠재된 욕구를 파악하여 상품화하는 것이다. 하버드 대학 제럴드 잘트만 교수 역시 이와 비슷한 주장을 하였는데, 그는 "말로 표현되는 고객의 욕구는 5%에 불과하다. 95%는 숨겨져 있다."라고 말하며 고객이 표현하지 않는 숨겨진 95%의 욕구에 집중해야 함을 강조했다. 그렇기 때문에 고객의 잠재된 욕구에 집중하여 제품을 제작하는 것만큼이나 그 상품을 고객에게 알리는 것도 중요하다. 일반적으로 사람들은 혁신적인 제품에 호기심을 가지는 동시에 불안함도 느끼기 때문이다. 따라서 기업은 고객에게 제품을 체험할 기회를 제공함으로써 그 상품이 고객의 숨겨진 욕구에 부합함을 인지시켜야 한다. 자신이 진정으로 원하는 것이 무엇인지 몰라 혼란스러워하는 고객에게 그들이 만족할 만한 새로운 가치를 제공할 때 기업의 경쟁력은 더욱 높아질 것이다.

〈보기〉

선풍기는 날개에 먼지가 많이 끼기 때문에 자주 청소해야 한다는 번거로움이 있다. 또한, 아이들이 돌아가는 날개에 손을 넣어 다치는 경우가 많이 발생한다. 이에 영국의 가전 업체 다이슨은 날개를 없애고 선풍기를 고리 모양으로 제작한 '다이슨 에어 멀티 플라이어'라는 혁신적인 제품을 출시하였고, 이는 특히 아이가 있는 주부들에게서 좋은 반응을 얻었다.

① 날개 없는 선풍기가 나오기 전부터 소비자들은 자신들에게 날개 없는 선풍기에 대한 욕구가 있다는 것을 인지하고 있었다.

② 다이슨은 날개 있는 선풍기가 일반적이었던 때에 날개 없는 선풍기에 대한 사람들의 잠재된 욕망을 포착하였다.

③ 다이슨은 제럴드 잘트만 교수가 지적한 5%의 욕구를 간파하여 날개 없는 선풍기를 출시하게 되었다.

④ 다이슨은 날개 없는 선풍기를 제공함으로써 그것이 고객의 숨겨진 욕구와 상이함을 전달할 수 있었다.

⑤ 고객에게는 편리함과 안전함보다 더 익숙한 제품을 선호하는 숨겨진 욕구가 있었다.

30. 다음 글을 바탕으로 아래 〈보기〉를 이해한 내용으로 적절하지 않은 것을 고르시오.

일반적으로 암 치료에 사용되는 항암제는 정상세포에 비해 무분별하게 분열하는 암세포를 직접적으로 공격하는 '세포독성항암제'이다. 그러나 정상세포와 암세포가 명확하게 구분되지 않는 경우가 많아 환자들이 구토, 고열 등의 증상을 호소하였고 그 대안으로 '표적항암제'가 제시되었다. 암세포를 죽이는 대신 성장하지 못하도록 하여 암의 진행을 늦추는 방법으로, 환자의 신체적 고통은 덜했지만 장기간 사용 시 암세포에 대한 내성이 생긴다는 단점이 발생하였다. 이러한 기존 항암제들의 한계를 보완하여 등장한 것이 바로 '면역항암제'이다. 이는 외부 물질이 아닌 체내 면역세포의 기억 능력과 적응력을 이용하여 암세포를 공격할 수 있도록 하는 방식으로, 그 예시 중 하나가 바로 T 세포를 활용하는 CAR-T 치료제이다. CAR-T 치료제는 환자의 혈액에서 추출한 T 세포에 CAR 유전자를 삽입하여 세포를 변형시킨다. 변형된 세포를 환자의 몸에 다시 주입하면, 암세포의 표면에 있는 특정 항원을 인식하고 공격한다. CAR-T 치료제는 주로 혈액암, 특히 급성 림프구성 백혈병과 다발성 골수종 치료에 긍정적인 결과를 보이며 1회 치료만으로도 높은 치료율과 일상 복귀율을 보인다. 다른 면역 치료법에 비해 주목할 만한 성과를 보인다는 점에서 항암제의 새로운 길을 열 것으로 기대되고 있다.

〈보기〉

사이토카인 방출 증후군(CRS)은 CAR-T 치료제를 통한 암 치료 과정에서 면역계의 과도한 반응으로 인해 발견되는 주요 부작용이다. 인체 내 면역 물질인 사이토카인이 대량으로 방출되어 염증 반응을 일으키며, 고열, 저혈압, 호흡 곤란과 같은 증상을 동반한다. CRS가 심할 경우 CAR-T 치료 후 며칠 이내 다발성 장기 손상으로 이어질 수 있다. CAR-T 치료제 부작용에 대한 연구는 진행중에 있다.

① CAR-T 치료제는 면역세포의 기억 능력과 적응력을 활용하여 사이토카인 방출과 연관이 있다.
② 사이토카인 방출 증후군은 치료제를 장기간 사용할 경우 발생하는 표적항암제의 단점이다.
③ CAR-T 치료제의 신뢰도와 안정성을 확보하기 위해 CRS 예방에 대한 연구는 필수불가결하다.
④ 세포독성항암제와 CAR-T 치료제에서 공통적으로 발생하는 부작용의 주요 증상 중 하나는 고열이다.
⑤ T 세포를 활용하는 면역항암제는 부작용이 심할 경우 다발성 장기 손상으로 이어질 수 있다는 점에서 불완전하다.

약점 보완 해설집 p.19

모의고사의 수리 영역 문제풀이 시 본 문제풀이 용지를 이용하여 풀어보세요.

성명:

수험번호:

① 정답	② 정답
③ 정답	④ 정답
⑤ 정답	

수리

자르는 선

모의고사의 수리 영역 문제풀이 시 본 문제풀이 용지를 이용하여 풀어보세요.

성명:

수험번호:

⑥

정답

⑦

정답

⑧

정답

⑨

정답

수리

⑩

정답

모의고사의 수리 영역 문제풀이 시 본 문제풀이 용지를 이용하여 풀어보세요.

성명:

수험번호:

⑪ 정답	⑫ 정답
⑬ 정답	⑭ 정답
⑮ 정답	

수리

자르는 선

모의고사의 수리 영역 문제풀이 시 본 문제풀이 용지를 이용하여 풀어보세요.

성명: 수험번호:

⑯ 정답	⑰ 정답
⑱ 정답	⑲ 정답
⑳ 정답	

모의고사의 추리 영역 문제풀이 시 본 문제풀이 용지를 이용하여 풀어보세요.

성명:

수험번호:

① 정답	② 정답
③ 정답	④ 정답
⑤ 정답	⑥ 정답
⑦ 정답	⑧ 정답

추리

자르는 선

모의고사의 추리 영역 문제풀이 시 본 문제풀이 용지를 이용하여 풀어보세요.

성명:

수험번호:

추리

⑨ 정답	⑩ 정답
⑪ 정답	⑫ 정답
⑬ 정답	⑭ 정답
⑮ 정답	⑯ 정답

모의고사의 추리 영역 문제풀이 시 본 문제풀이 용지를 이용하여 풀어보세요.

성명:

수험번호:

⑰ 정답	⑱ 정답
⑲ 정답	⑳ 정답
㉑ 정답	㉒ 정답
㉓ 정답	㉔ 정답

추리

자르는 선

모의고사의 추리 영역 문제풀이 시 본 문제풀이 용지를 이용하여 풀어보세요.

성명:

수험번호:

㉕ 정답	㉖ 정답
㉗ 정답	㉘ 정답
㉙ 정답	㉚ 정답

추리

해커스 GSAT

삼성직무적성검사

빠르게 끝내는 봉투모의고사

약점 보완 해설집

해커스

실전모의고사 1회

바로 채점 및 성적 분석 서비스

정답

수리

01 응용계산	02 응용계산	03 자료해석	04 자료해석	05 자료해석	06 자료해석	07 자료해석	08 자료해석	09 자료해석	10 자료해석
④	⑤	②	⑤	②	①	①	④	③	①
11 자료해석	12 자료해석	13 자료해석	14 자료해석	15 자료해석	16 자료해석	17 자료해석	18 자료해석	19 자료해석	20 자료해석
④	②	⑤	③	②	④	⑤	④	①	①

추리

01 언어추리	02 언어추리	03 언어추리	04 언어추리	05 언어추리	06 언어추리	07 언어추리	08 언어추리	09 언어추리	10 언어추리
④	②	③	⑤	①	⑤	④	②	⑤	⑤
11 언어추리	12 언어추리	13 언어추리	14 언어추리	15 도형추리	16 도형추리	17 도형추리	18 도식추리	19 도식추리	20 도식추리
⑤	⑤	④	②	②	⑤	①	③	⑤	⑤
21 도식추리	22 문단배열	23 문단배열	24 논리추론	25 논리추론	26 논리추론	27 논리추론	28 논리추론	29 논리추론	30 논리추론
④	③	③	④	⑤	⑤	②	③	④	①

취약 유형 분석표

유형별로 맞힌 개수, 틀린 문제 번호와 풀지 못한 문제 번호를 적고 나서 취약한 유형이 무엇인지 파악해 보세요.
취약한 유형은, 틀린 문제 및 풀지 못한 문제를 다시 풀어보면서 확실히 극복하세요.

수리

유형	맞힌 개수	틀린 문제 번호	풀지 못한 문제 번호
응용계산	/2		
자료해석	/18		
TOTAL	**/20**		

추리

유형	맞힌 개수	틀린 문제 번호	풀지 못한 문제 번호
언어추리	/14		
도형추리	/3		
도식추리	/4		
문단배열	/2		
논리추론	/7		
TOTAL	**/30**		

합계

영역	제한 시간 내에 푼 문제 수	정답률
수리	/20	%
추리	/30	%
TOTAL	**/50**	**%**

해설

수리

문제 p.4

01 응용계산 정답 ④

Z 제품 30개의 원가는 84,000원이므로 Z 제품 1개의 원가는 84,000 / 30 = 2,800원이다.

A 부품의 1kg당 가격을 x라고 하면

Z 제품 1개를 만드는 데 A 부품은 2kg, B 부품은 4kg이 필요하고, B 부품은 1kg당 400원이므로

$2x + (4 \times 400) = 2,800 \rightarrow 2x = 1,200 \rightarrow x = 600$

따라서 A 부품의 1kg당 가격은 600원이다.

02 응용계산 정답 ⑤

서로 다른 n개에서 순서를 고려하지 않고 r개를 뽑는 경우의 수 ${}_nC_r = \frac{n!}{r!(n-r)!}$임을 적용하여 구한다.

4명 중 1명만 회의를 두 번 진행하는 경우의 수는 월요일부터 금요일까지 5일 중 2일을 선택하는 경우의 수와 같으므로 ${}_5C_2 \times 4 = \frac{5!}{2!3!} \times 4 = 40$가지이다. 이때 나머지 3명은 서로 다른 요일에 한 번씩 회의를 진행하므로 3명을 3개의 요일에 배치하는 경우의 수는 $3! = 3 \times 2 \times 1 = 6$가지이다.

따라서 4명이 회의를 진행하는 경우의 수는 $40 \times 6 = 240$가지이다.

03 자료해석 정답 ②

2024년 반도체 시장점유율은 전년 대비 {(24 − 18) / 24} × 100 = 25% 감소하였으므로 옳지 않은 설명이다.

오답 체크

① 제시된 기간 동안 디스플레이 생산액이 가장 많은 2022년에 디스플레이 수출액은 274억 불이므로 옳은 설명이다.

③ 2023년 반도체 시장점유율은 전년 대비 증가하였고, 디스플레이 시장점유율은 전년 대비 감소하였으므로 옳은 설명이다.

④ 제시된 기간 동안 반도체 수출액이 가장 많은 2023년에 반도체 수출액은 디스플레이 수출액의 1,267 / 247 ≒ 5.1배이므로 옳은 설명이다.

⑤ 2022년 반도체 수출액의 전년 대비 증가율은 {(979 − 622) / 622} × 100 ≒ 57%이므로 옳은 설명이다.

04 자료해석 정답 ⑤

학력이 학사과정 졸업 이상인 정부기관의 통계인력에서 중앙행정기관의 B 전공인 통계인력이 차지하는 비중은 {400 / (3,100 + 768)} × 100 ≒ 10.3%이므로 옳지 않은 설명이다.

오답 체크

① 지방자치단체의 통계인력 중 학력이 학사과정 졸업 이상인 통계인력은 학력이 고졸 이하인 통계인력의 (300 + 48) / 35 ≒ 9.9배이므로 옳은 설명이다.

② 시·군·구의 D 전공인 통계인력 대비 지방자치단체의 D 전공인 통계인력의 비율은 60 / 40 = 1.5이므로 옳은 설명이다.

③ 제시된 모든 기관에서 학력이 학사과정 졸업 이상인 통계인력은 정부기관과 지정기관에서 학력이 학사과정 졸업 이상인 통계인력과 같은 3,100 + 768 + 335 + 230 = 4,433명이므로 옳은 설명이다.

④ 정부기관과 지정기관의 통계인력 차이는 A 전공이 1,226 − 135 = 1,091명, C 전공이 1,200 − 170 = 1,030명이므로 옳은 설명이다.

빠른 문제 풀이 Tip

④ 기관별 통계인력 수를 비교하여 계산한다.
전공별 통계인력은 모든 전공에서 정부기관이 지정기관보다 많다. 이때 정부기관에서 A 전공인 통계인력은 C 전공인 통계인력보다 많고, 지정기관에서 A 전공인 통계인력은 C 전공인 통계인력보다 적으므로 정부기관과 지정기관의 통계인력 차이는 A 전공이 C 전공보다 큼을 알 수 있다.

05 자료해석 정답 ②

제시된 기간 동안 S 지역의 인구수가 가장 많은 해는 5,185명인 2019년이고, 2019년 접수 우편 물량은 3,418백 통이다.

따라서 2019년 인구 1인당 평균 접수 우편 물량은 341,800 / 5,185 ≒ 66통이다.

06 자료해석 정답 ①

2023년 전체 단속 금액은 전년 대비 {(34,461 − 7,189) / 34,461} × 100 ≒ 79.1% 감소하였으므로 옳지 않은 설명이다.

오답 체크

② 2021년 일반 단속 금액은 자금세탁 단속 금액의 27,888 / 112 = 249배이므로 옳은 설명이다.

③ 2024년 재산국외도피 단속 금액은 전년 대비 363 − 84 = 279억 원 감소하였으므로 옳은 설명이다.

④ 전체 단속 금액에서 재산국외도피 단속 금액이 차지하는 비중은 2020년에 (1,081 / 40,041) × 100 ≒ 2.7%, 2021년에 (2,508 / 30,508) × 100 ≒ 8.2%로 2021년에 전년 대비 증가하였으므로 옳은 설명이다.

⑤ 2022~2024년 연도별 일반 단속 금액의 평균은 (31,832 + 6,524 + 13,256) / 3 = 17,204억 원이므로 옳은 설명이다.

빠른 문제 풀이 Tip

④ 2021년 전체 단속 금액은 전년 대비 감소하였고, 2021년 재산국외도피 단속 금액은 전년 대비 증가하였으므로 전체 단속 금액에서 재산국외도피 단속 금액이 차지하는 비중은 2021년에 전년 대비 증가하였음을 알 수 있다.

07 자료해석 정답 ①

2024년 상반기 A 사원의 월평균 계약 건수는 (78 + 67 + 69 + 99 + 83 + 90) / 6 = 81건이고, C 사원의 월평균 계약 건수는 (67 + 93 + 88 + 77 + 86 + 87) / 6 = 83건이다.

따라서 2024년 상반기 A 사원과 C 사원의 월평균 계약 건수의 차이는 83 – 81 = 2건이다.

08 자료해석 정답 ④

2023년 2분기 외환보유액은 1,761 / 0.3 = 5,870억 달러이므로 옳은 설명이다.

오답 체크

① 대외채권 금액이 가장 많은 분기는 2023년 4분기이고, 대외채무 금액이 가장 많은 분기는 2024년 1분기이므로 옳지 않은 설명이다.

② 2024년 1분기 순채권은 전년 동 분기 대비 {(4,664 – 4,257) / 4,664} × 100 ≒ 9% 감소하였으므로 옳지 않은 설명이다.

③ 2023년 분기별 단기채무 금액의 평균은 (1,649 + 1,761 + 1,635 + 1,647) / 4 = 1,673억 달러이므로 옳지 않은 설명이다.

⑤ 2024년 1분기 외환보유액 대비 단기채무 비중은 전년 동 분기 대비 38.2 – 37.0 = 1.2%p 증가하였으므로 옳지 않은 설명이다.

09 자료해석 정답 ③

2024년 남자의 에너지 과잉 섭취 인구 분율은 여자의 에너지 과잉 섭취 인구 분율보다 18.8 – 12.9 = 5.9%p 더 높으므로 옳지 않은 설명이다.

오답 체크

① 2020년 이후 동지역의 에너지 과잉 섭취 인구 분율은 매년 전년 대비 감소하였으므로 옳은 설명이다.

② 제시된 기간 동안 3~5세의 에너지 과잉 섭취 인구 분율이 다른 해에 비해 가장 높은 해는 2020년이므로 옳은 설명이다.

④ 2020년 전체 에너지 과잉 섭취 인구 분율은 21.4%로, 이보다 에너지 과잉 섭취 인구 분율이 낮은 연령층은 3~5세, 12~18세, 19~29세, 65세 이상으로 총 4개이므로 옳은 설명이다.

⑤ 2024년 전체 에너지 과잉 섭취 인구 분율은 5년 전 대비 {(23.6 – 15.9) / 23.6} × 100 ≒ 33% 감소하였으므로 옳은 설명이다.

[10 - 11]

10 자료해석 정답 ①

2022년 중견기업 수출액은 전년 대비 {(9,307 – 8,000) / 9,307} × 100 ≒ 14% 감소하였으므로 옳은 설명이다.

오답 체크

② 2021년 총수출액에서 대기업 수출액이 차지하는 비중은 (30,000 / 49,500) × 100 ≒ 61%이므로 옳지 않은 설명이다.

③ 2023년 총수출액은 2019년 대비 50,000 – 49,500 = 500천만 달러 감소하였으므로 옳지 않은 설명이다.

④ 2022년 중소기업 수출액은 전년 대비 감소하였으나 기타 수출액은 전년 대비 증가하였고, 2023년 중소기업 수출액은 전년 대비 증가하였으나 기타 수출액은 전년 대비 감소하였으므로 옳지 않은 설명이다.

⑤ 2019년 대기업 수출액은 기타 수출액의 31,000 / 106 ≒ 292배이므로 옳지 않은 설명이다.

11 자료해석 정답 ④

2023년 총수출액은 49,500천만 달러이고, 2024년 총수출액의 전년 대비 증감률은 20%이다.

따라서 2024년 총수출액은 49,500 × 1.2 = 59,400천만 달러이다.

[12 - 13]

12 자료해석 정답 ②

2024년 50대 이상 구직신청 건수는 3분기에 480 + 400 = 880백 건, 4분기에 520 + 450 = 970백 건으로 3분기가 4분기보다 970 – 880 = 90백 건 더 적으므로 옳지 않은 설명이다.

오답 체크

① 2024년 1~4분기 분기별 30대 구직신청 건수의 평균은 1,950 / 4 = 487.5백 건이므로 옳은 설명이다.

③ 2024년 중졸 이하 학력의 남자 구직신청 건수 대비 여자 구직신청 건수의 비율은 880 / 600 ≒ 1.47이므로 옳은 설명이다.

④ 2024년 2분기 이후 30대 구직신청 건수는 3분기까지 직전 분기 대비 감소하다가 4분기에 직전 분기 대비 증가하였으며, 이와 증감 추이가 같은 연령대는 40대뿐이므로 옳은 설명이다.

⑤ 성별로 기타를 제외하고 2024년 구직신청 건수가 많은 학력부터 순서대로 나열하면 남자와 여자 모두 고졸, 대졸 이상, 전문대졸, 중졸 이하 순으로 동일하므로 옳은 설명이다.

13 자료해석

정답 ⑤

a. 2024년 40대 구직신청 건수에서 2분기 40대 구직신청 건수가 차지하는 비중은 (500/2,000)×100=25%이므로 옳은 설명이다.

b. 2024년 1분기 대비 2분기 60대 이상 구직신청 건수의 감소율은 {(600−370)/600}×100≒38.3%이므로 옳은 설명이다.

c. 학력별 남자와 여자의 구직신청 건수 차이가 가장 큰 학력은 1,130−680=450백 건 차이 나는 전문대졸이므로 옳은 설명이다.

[14-15]

14 자료해석

정답 ③

a. 중소도시 초등학교 사교육비와 읍면지역 초등학교 사교육비의 차이는 45,670 − 12,963 = 32,707억 원이므로 옳은 설명이다.

b. 전체 사교육비 중 대도시 사교육비가 차지하는 비중은 (106,222 / 234,159) × 100 ≒ 45.4%이므로 옳은 설명이다.

오답 체크

c. 대도시 외 중학교 사교육비는 대도시 중학교 사교육비의 35,179 / 28,300 ≒ 1.2배이므로 옳지 않은 설명이다.

15 자료해석

정답 ②

전체 고등학교의 사교육비 총액은 65,400억 원이고, 일반 고등학교의 사교육비 총액 비중은 96%이다.
따라서 일반 고등학교의 사교육비 총액은 65,400 × 0.96 = 62,784억 원이다.

[16-17]

16 자료해석

정답 ④

a. 2020년 C 도시의 매출 총액은 전년 대비 {(995 − 796) / 796} × 100 = 25% 증가하였으므로 옳은 설명이다.

b. 제시된 기간 동안 회사 수와 매출 총액이 매년 가장 많은 도시는 모두 D 도시이므로 옳은 설명이다.

오답 체크

c. 2023년 E 도시의 회사 수는 전년 대비 증가하였으나, 매출 총액은 전년 대비 감소하였고, 2024년 E 도시의 회사 수는 전년 대비 감소하였으나, 매출 총액은 전년 대비 증가하였으므로 옳지 않은 설명이다.

17 자료해석

정답 ⑤

2021년 회사 1개당 평균 매출 총액은 A 도시가 448 / 1,178 ≒ 0.38, E 도시가 777 / 1,695 ≒ 0.46으로 A 도시가 E 도시보다 작으므로 옳지 않은 설명이다.

오답 체크

① 2024년 B 도시 매출 총액의 4년 전 대비 변화율은 {(1,600 − 1,200) / 1,200} × 100 ≒ 33%이므로 옳은 설명이다.

② A 도시의 회사 수 대비 C 도시의 회사 수의 비율은 2019년에 1,698 / 1,135 ≒ 1.50, 2020년에 1,705 / 1,078 ≒ 1.58로 2020년에 전년 대비 증가하였으므로 옳은 설명이다.

③ 2022~2024년 연도별 E 도시 매출 총액의 평균은 (1,052 + 623 + 974) / 3 = 883조 원이므로 옳은 설명이다.

④ B 도시와 D 도시는 회사 수가 다른 해에 비해 가장 많은 2024년에 매출 총액도 다른 해에 비해 가장 많으므로 옳은 설명이다.

18 자료해석

정답 ④

강사료 = 100 × {(강의평가 점수 + A)^2 + 학생 인원수 + B}임을 적용하여 구한다.
3월 학생 인원수는 15명, 강의평가 점수는 70점, 강사료는 1,451,500원이므로
1,451,500 = 100 × {(70 + A)^2 + 15 + B}
→ 14,515 = (70 + A)^2 + 15 + B ⋯ ⓐ
5월 학생 인원수는 17명, 강의평가 점수는 80점, 강사료는 1,701,700원이므로
1,701,700 = 100 × {(80 + A)^2 + 17 + B}
→ 17,017 = (80 + A)^2 + 17 + B ⋯ ⓑ
ⓑ−ⓐ에서 2,502 = 1,502 + 20A → A = 50
이를 ⓐ에 대입하여 풀면
B = 14,515 − 14,415 = 100
따라서 A는 50, B는 100인 ④가 정답이다.

19 자료해석

정답 ①

연도별 S 제품의 이익률은 2017년에 (438 / 755) × 100 ≒ 58.0%, 2018년에 (419 / 738) × 100 ≒ 56.8%, 2019년에 (403 / 729) × 100 ≒ 55.3%, 2020년에 (393 / 726) × 100 ≒ 54.1%, 2021년에 (375 / 732) × 100 ≒ 51.2%이다.
따라서 2017년 이후 S 제품의 이익률이 일치하는 ①이 정답이다.

20 자료해석 정답 ①

A 회사 영업이익의 변화를 나타내면 다음과 같다.

2020년	2021년	2022년	2023년	2024년
3,300	3,600	3,900	4,200	4,500

+300 +300 +300 +300

A 회사 영업이익은 매년 300백만 원씩 증가함을 알 수 있다.
B 회사 영업이익의 변화를 나타내면 다음과 같다.

2020년	2021년	2022년	2023년	2024년
3,500	3,700	4,100	4,700	5,500

+200 +400 +600 +800

+200 +200 +200

B 회사 영업이익의 전년 대비 증가액은 매년 200백만 원씩 증가함을 알 수 있다.
이에 따라 2025년 이후 A 회사와 B 회사의 영업이익을 계산하면 다음과 같다.

구분	A 회사	B 회사	차이
2025년	4,500+300=4,800	5,500+1,000=6,500	1,700
2026년	4,800+300=5,100	6,500+1,200=7,700	2,600
2027년	5,100+300=5,400	7,700+1,400=9,100	3,700
2028년	5,400+300=5,700	9,100+1,600=10,700	5,000

따라서 A 회사와 B 회사의 영업이익 차이가 5,000백만 원이 되는 해는 2028년이다.

추리

문제 p.18

01 언어추리 정답 ④

모든 사내 컴퓨터가 문서 보안이 가능하고, 인트라넷이 설치된 모든 컴퓨터가 문서 보안이 가능하면 인트라넷이 설치되지 않은 컴퓨터 중에 사내 컴퓨터가 아닌 컴퓨터가 반드시 존재하게 된다.
따라서 '인트라넷이 설치되지 않은 어떤 컴퓨터는 사내 컴퓨터가 아니다.'가 타당한 결론이다.

오답 체크

사내 컴퓨터를 '사', 문서 보안이 가능한 컴퓨터를 '문', 인트라넷이 설치된 컴퓨터를 '인'이라고 하면

①, ② 인트라넷이 설치된 모든 컴퓨터는 사내 컴퓨터가 아닐 수도 있으므로 반드시 참인 결론이 아니다.

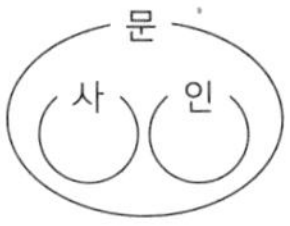

③ 인트라넷이 설치된 모든 컴퓨터는 사내 컴퓨터일 수도 있으므로 반드시 참인 결론이 아니다.

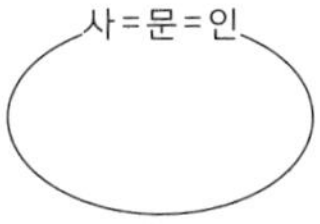

⑤ 인트라넷이 설치되지 않은 컴퓨터 중에 사내 컴퓨터가 있을 수도 있으므로 반드시 참인 결론이 아니다.

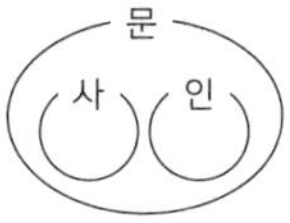

02 언어추리 정답 ②

기획 업무 경험이 있는 모든 사람이 마케팅 업무 경험이 있고, 마케팅 업무 경험이 있는 모든 사람이 영업 업무 경험이 있으면 기획 업무 경험이 있는 모든 사람은 영업 업무 경험이 있게 된다.
따라서 '기획 업무 경험이 있는 모든 사람은 영업 업무 경험이 있다.'가 타당한 결론이다.

오답 체크

기획 업무 경험이 있는 사람을 '기', 마케팅 업무 경험이 있는 사람을 '마', 영업 업무 경험이 있는 사람을 '영'이라고 하면

①, ③ 기획 업무 경험이 있는 모든 사람은 영업 업무 경험이 있으므로 반드시 거짓인 결론이다.

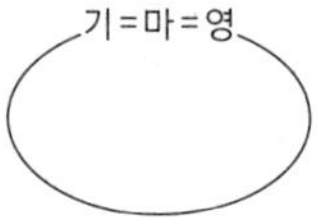

④ 영업 업무 경험이 있는 모든 사람은 기획 업무 경험이 있을 수도 있으므로 반드시 참인 결론이 아니다.

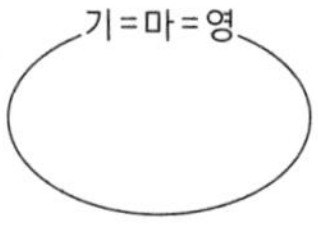

⑤ 영업 업무 경험이 있는 사람 중에 기획 업무 경험이 없는 사람이 있을 수도 있으므로 반드시 참인 결론이 아니다.

03 언어추리 정답 ③

운동을 즐기는 모든 사람이 도보로 걸어 다니고, 텀블러를 들고 다니지 않는 모든 사람이 도보로 걸어 다니지 않으면 운동을 즐기는 모든 사람은 텀블러를 들고 다니게 된다.

따라서 '텀블러를 들고 다니지 않는 모든 사람은 도보로 걸어 다니지 않는다.'가 타당한 전제이다.

오답 체크

운동을 즐기는 사람을 '운', 도보로 걸어 다니는 사람을 '도', 텀블러를 들고 다니는 사람을 '텀'이라고 하면

①, ② 운동을 즐기는 모든 사람이 도보로 걸어 다니고, 텀블러를 들고 다니는 모든 사람이 도보로 걸어 다니면 운동을 즐기는 모든 사람은 텀블러를 들고 다니지 않을 수도 있으므로 결론이 반드시 참이 되게 하는 전제가 아니다.

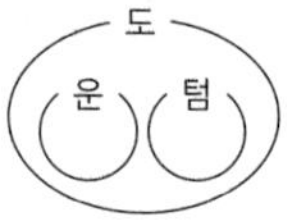

④ 운동을 즐기는 모든 사람이 도보로 걸어 다니고, 도보로 걸어 다니는 모든 사람이 텀블러를 들고 다니지 않으면 운동을 즐기는 모든 사람은 텀블러를 들고 다니지 않으므로 결론이 반드시 참이 되게 하는 전제가 아니다.

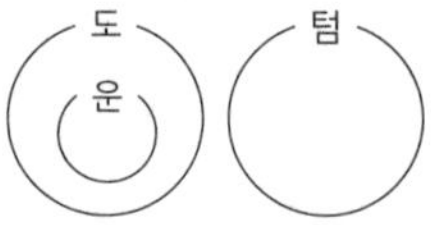

⑤ 운동을 즐기는 모든 사람이 도보로 걸어 다니고, 도보로 걸어 다니는 어떤 사람이 텀블러를 들고 다니면 운동을 즐기는 모든 사람은 텀블러를 들고 다니지 않을 수도 있으므로 결론이 반드시 참이 되게 하는 전제가 아니다.

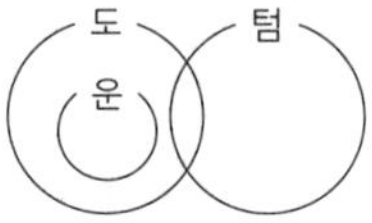

04 언어추리 정답 ⑤

제시된 조건에 따르면 B보다 먼저 퇴장하는 사람 수와 나중에 퇴장하는 사람 수는 동일하므로 B는 7명 중 네 번째로 퇴장하고, F는 연차가 가장 낮으므로 일곱 번째로 퇴장한다. 또한, A와 C는 가장 먼저 퇴장하지 않으며, 두 사람보다 먼저 퇴장하는 사람 수와 나중에 퇴장하는 사람 수는 모두 짝수이므로 A와 C는 각각 세 번째 또는 다섯 번째로 퇴장하였음을 알 수 있다. 이때 연차가 가장 높지 않은 D는 첫 번째로 퇴장하지 않으므로 E 또는 G가 첫 번째로 퇴장하고, D와 E는 연달아 퇴장하지 않으므로 첫 번째로 퇴장하는 사람에 따라 가능한 경우는 다음과 같다.

경우 1. E가 첫 번째로 퇴장하는 경우

첫 번째	두 번째	세 번째	네 번째	다섯 번째	여섯 번째	일곱 번째
E	G	A 또는 C	B	A 또는 C	D	F

경우 2. G가 첫 번째로 퇴장하는 경우

첫 번째	두 번째	세 번째	네 번째	다섯 번째	여섯 번째	일곱 번째
G	D 또는 E	A 또는 C	B	A 또는 C	D 또는 E	F

따라서 D는 G보다 나중에 퇴장하므로 항상 거짓인 설명이다.

오답 체크

① A는 E보다 나중에 퇴장하거나 E보다 먼저 퇴장하므로 항상 거짓인 설명은 아니다.

② A는 C보다 나중에 퇴장하거나 C보다 먼저 퇴장하므로 항상 거짓인 설명은 아니다.

③ D는 두 번째 또는 여섯 번째로 퇴장하므로 항상 거짓인 설명은 아니다.

④ G는 첫 번째 또는 두 번째로 퇴장하므로 항상 거짓인 설명은 아니다.

05 언어추리 정답 ①

제시된 조건에 따르면 9명은 각각 3명씩 1조, 2조, 3조에 배치되고, A, B, C, D는 생산팀, E, F, G는 품질팀, H, I는 안전관리팀에서 근무한다. 이때 H는 2조에 배치되고, 안전관리팀에서 근무하는 사람과 같은 조에 배치되지 않으므로 I는 1조 또는 3조에 배치된다. 또한, 품질팀에서 근무하는 사람은 모두 서로 다른 조에 배치되므로 E, F, G는 각각 1조 또는 2조 또는 3조에 한 명씩 배치되며, B와 C는 같은 조에 배치되므로 1조 또는 3조에 배치되고, I는 B, C와 다른 조에 배치된다. 이에 따라 B와 C가 배치되는 조에 따라 가능한 경우는 다음과 같다.

경우 1. B와 C가 1조에 배치되는 경우

1조	2조	3조
B, C, E 또는 F 또는 G	H, A 또는 D, E 또는 F 또는 G	I, A 또는 D, E 또는 F 또는 G

경우 2. B와 C가 3조에 배치되는 경우

1조	2조	3조
I, A 또는 D, E 또는 F 또는 G	H, A 또는 D, E 또는 F 또는 G	B, C, E 또는 F 또는 G

따라서 B와 I는 서로 다른 조에 배치되므로 항상 거짓인 설명이다.

오답 체크

② 안전관리팀에서 근무하는 사람은 모두 생산팀에서 근무하는 사람과 같은 조에 배치되므로 항상 참인 설명이다.

③ C가 1조에 배치되면, D는 2조 또는 3조에 배치되므로 항상 거짓인 설명은 아니다.

④ A와 E가 같은 조에 배치되면, B와 G는 서로 다른 조에 배치되거나 같은 조에 배치되므로 항상 거짓인 설명은 아니다.

⑤ D가 3조에 배치되면, D와 I는 같은 조에 배치되므로 항상 참인 설명이다.

06 언어추리 정답 ⑤

제시된 조건에 따르면 A 장비, B 장비, C 장비는 각각 2개씩 있고, B 장비 중 한 개는 3행 1열에 넣으며, 1행 3열과 2행 3열은 비워두므로 사용할 수 있는 선반의 공간은 다음과 같다.

	1열	2열	3열
1행			X
2행			X
3행	B		

이때 C 장비는 서로 같은 행에 넣으며, 각 행에는 최대 2개의 장비를 넣을 수 있으므로 C 장비는 1행 또는 2행에 넣고, A 장비는 서로 같은 열에 넣으므로 2열에 넣는다. 이에 따라 C 장비를 넣는 행에 따라 가능한 경우는 다음과 같다.

경우 1. C 장비를 1행에 넣는 경우

	1열	2열	3열
1행	C	C	X
2행	B	A	X
3행	B	A	X

경우 2. C 장비를 2행에 넣는 경우

	1열	2열	3열
1행	B	A	X
2행	C	C	X
3행	B	A	X

따라서 A 장비는 모두 2열에 넣고, C 장비는 1열과 2열에 넣으므로 항상 참인 설명이다.

오답 체크

① C 장비는 1행 또는 2행에 넣으므로 항상 거짓인 설명이다.

② A 장비는 2열에 넣으므로 항상 거짓인 설명이다.

③ B 장비와 C 장비는 서로 다른 행에 넣으므로 항상 거짓인 설명이다.

④ B 장비는 2행과 3행에 넣거나 1행과 3행에 넣으므로 항상 참인 설명은 아니다.

07 언어추리 정답 ④

제시된 조건에 따르면 6명은 각 코스에 2명씩 배정되며, F는 초급 코스를 수강하고, A는 D와 같은 코스를 수강하므로 A와 D는 중급 코스 또는 고급 코스를 수강한다. 이때 C는 초급 코스를 수강하지 않으므로 중급 코스 또는 고급 코스를 수강한다. 이에 따라 A와 D가 수강하는 코스에 따라 가능한 경우는 다음과 같다.

경우 1. A와 D가 중급 코스를 수강하는 경우

초급	중급	고급
F, B 또는 E	A, D	C, B 또는 E

경우 2. A와 D가 고급 코스를 수강하는 경우

초급	중급	고급
F, B 또는 E	C, B 또는 E	A, D

따라서 B와 E는 서로 다른 코스를 수강하므로 항상 거짓인 설명이다.

오답 체크

① B가 중급 코스를 수강하면, C와 같은 코스를 수강하므로 항상 참인 설명이다.

② D가 고급 코스를 수강하면, C는 중급 코스를 수강하므로 항상 참인 설명이다.

③ C와 E가 같은 코스를 수강하면, B는 초급 코스를 수강하므로 항상 참인 설명이다.

⑤ F는 B 또는 E와 같은 코스를 수강하므로 항상 거짓인 설명은 아니다.

08 언어추리 정답 ②

제시된 조건에 따르면 A, B, C, D 대리의 근무 기간은 모두 다르며, 근무 기간이 긴 대리부터 순서대로 멘토링 할 사원을 선택하였다. 이때 B 대리보다 A 대리의 근무 기간이 더 길고, D 대리의 근무 기간은 가장 짧으므로 A 대리는 B 대리보다 먼저 사원을 선택하였고, D 대리는 가장 마지막에 사원을 선택하였다. 이에 따라 A 대리는 첫 번째 또는 두 번째로 사원을 선택하였다. 또한, 사원 4명 중 첫 번째로 정 사원, 두 번째로 을 사원이 선택되었으며, A 대리는 을 사원을 선택하지 않았으므로 정 사원을 선택하였음을 알 수 있다. 이에 따라 4명의 대리가 선택한 사원으로 가능한 경우는 다음과 같다.

멘토 근무 기간	가장 긴 사람	두 번째로 긴 사람	세 번째로 긴 사람	가장 짧은 사람
멘토	A	B 또는 C	B 또는 C	D
멘티	정	을	갑 또는 병	갑 또는 병

따라서 A 대리는 정 사원을 선택하였으므로 항상 참인 설명이다.

오답 체크

① 근무 기간이 두 번째로 긴 대리는 B 또는 C이므로 항상 참인 설명은 아니다.

③ D 대리가 갑 사원을 선택하였다면, 가능한 경우의 수는 2가지이므로 항상 거짓인 설명이다.

④ B의 근무 기간이 C의 근무 기간보다 짧으면, B 대리는 갑 사원 또는 병 사원을 선택하였으므로 항상 거짓인 설명이다.

⑤ B 대리가 병 사원을 선택하였다면, C 대리는 을 사원을 선택하였으므로 항상 거짓인 설명이다.

09 언어추리 정답 ⑤

제시된 조건에 따르면 흰색 판, 노란색 판, 분홍색 판이 각각 2개씩 준비되어 있고, B 냉장고의 하판은 흰색으로 선택하며, 상판과 하판의 색상을 동일하게 선택하는 냉장고는 C 냉장고뿐이므로 C 냉장고의 색상은 노란색 또는 분홍색이다. 이때 A 냉장고와 B 냉장고의 상판 색상은 동일하지 않으므로 C 냉장고의 색상에 따라 가능한 경우는 다음과 같다.

경우 1. C 냉장고의 색상이 노란색인 경우

구분	A	B	C
상판	흰색	분홍색	노란색
하판	분홍색	흰색	노란색

경우 2. C 냉장고의 색상이 분홍색인 경우

구분	A	B	C
상판	흰색	노란색	분홍색
하판	노란색	흰색	분홍색

따라서 A 냉장고의 상판과 하판 색상으로 가능한 조합은 ⑤이다.

10 언어추리 정답 ⑤

제시된 조건에 따르면 을이 거짓을 말하고 있다는 갑의 말이 진실이면 을의 말은 거짓이고, 갑의 말이 거짓이면 을의 말은 진실이다. 먼저 갑의 말이 진실이면 갑이 2층에 거주한다는 정의 말도 진실이므로 정은 거짓을 말하고 있다는 병의 말은 거짓이다. 이에 따라 병은 진실을 말하고 있다는 무의 말도 거짓이 된다. 또한, 갑의 말이 거짓이면 갑이 2층에 거주한다는 정의 말도 거짓이므로 정은 거짓을 말하고 있다는 병의 말은 진실이다. 이에 따라 병은 진실을 말하고 있다는 무의 말도 진실이 된다. 갑의 말에 따라 가능한 경우는 다음과 같다.

경우 1. 갑의 말이 진실인 경우

갑	을	병	정	무
진실	거짓	거짓	진실	거짓
2층	1층	1층	2층	1층

경우 2. 갑의 말이 거짓인 경우

갑	을	병	정	무
거짓	진실	진실	거짓	진실
1층	2층	2층	1층	2층

따라서 무가 2층에 거주하면, 을도 2층에 거주하므로 항상 참인 설명이다.

오답 체크

① 갑의 말이 진실이면, 무는 1층에 거주하므로 항상 거짓인 설명이다.

② 을의 말이 진실이면, 병은 2층에 거주하므로 항상 거짓인 설명이다.

③ 병이 1층에 거주하면, 갑의 말은 진실이므로 항상 거짓인 설명이다.

④ 정이 1층에 거주하면, 병은 2층에 거주하므로 항상 거짓인 설명이다.

11 언어추리 정답 ⑤

제시된 조건에 따르면 엘리베이터는 1층부터 5층까지 한 번 운행했으며, 운행하는 동안 A~E 5명만 탑승하고 하차했으므로 5층에서 엘리베이터에 탑승하고 있는 사람은 없다. 이때 모든 사람은 탑승한 층과 하차한 층이 다르고, 1층, 2층, 4층에서는 각각 1명이 탑승했으며, B와 E는 같은 층에서 탑승했고, 같은 층에서 하차했으므로 B와 E는 3층에서 탑승하여 4층 또는 5층에서 하차했다. 또한, A는 2층에서 탑승 후 바로 다음 층인 3층에서 하차했으며, 1층에서 탑승한 사람은 2층에서 하차했고, D는 5층에서 하차했으므로 1층에서 탑승한 사람은 C임을 알 수 있다.

구분	A	B	C	D	E
탑승	2층	3층	1층	4층	3층
하차	3층	4층 또는 5층	2층	5층	4층 또는 5층

따라서 E는 3층에서 탑승했으므로 항상 거짓인 설명이다.

오답 체크

① 3명이 하차한 층은 5층이거나 없으므로 항상 거짓인 설명은 아니다.

② 1층을 제외하고 1명도 하차하지 않은 층은 4층이거나 없으므로 항상 거짓인 설명은 아니다.

③ 3층에서 탑승한 사람은 4층 또는 5층에서 하차했으므로 항상 거짓인 설명은 아니다.

④ B는 4층 또는 5층에서 하차했고, D는 4층에서 탑승했으므로 항상 거짓인 설명은 아니다.

12 언어추리 정답 ⑤

제시된 조건에 따르면 D는 첫 번째 순번으로 출전하고, B는 E 또는 F와 같은 순번으로 출전하므로 B는 두 번째 또는 세 번째 순번으로 출전한다. 이때 A와 C는 서로 다른 순번으로 출전하여 A, C 중 한 명은 반드시 첫 번째 순번으로 출전하므로 D는 A 또는 C와 같은 순번으로 출전한다.
따라서 같은 순번으로 출전할 수 있는 선수의 조합으로 옳지 않은 것은 ⑤이다.

13 언어추리 정답 ④

제시된 조건에 따르면 B 팀이 C 팀보다 먼저 회의를 진행했고, B 팀이 첫 번째로 회의를 진행하지 않았으므로 A 팀, D 팀, E 팀 중 한 팀이 첫 번째로 회의를 진행했고, A 팀, D 팀, E 팀은 회의 시간이 연속적이므로 B 팀이 네 번째, C 팀이 다섯 번째로 회의를 진행했다. 또한, D 팀은 세 번째로 회의를 진행하지 않아 첫 번째 또는 두 번째로 회의를 진행했으므로 D 팀이 회의를 진행한 순서에 따라 가능한 경우는 다음과 같다.

경우 1. D 팀이 첫 번째로 회의를 진행한 경우

첫 번째	두 번째	세 번째	네 번째	다섯 번째
D	A 또는 E	A 또는 E	B	C

경우 2. D 팀이 두 번째로 회의를 진행한 경우

첫 번째	두 번째	세 번째	네 번째	다섯 번째
A 또는 E	D	A 또는 E	B	C

따라서 C 팀은 가장 늦게 회의를 진행했으므로 항상 거짓인 설명이다.

오답 체크

① D 팀은 첫 번째 또는 두 번째로 회의를 진행했고, A 팀은 첫 번째 또는 두 번째 또는 세 번째로 회의를 진행했으므로 항상 거짓인 설명은 아니다.

② B 팀은 네 번째로 회의를 진행했으므로 항상 참인 설명이다.

③ E 팀은 첫 번째 또는 두 번째 또는 세 번째로 회의를 진행했고, B 팀은 네 번째로 회의를 진행했으므로 항상 참인 설명이다.

⑤ D 팀은 첫 번째 또는 두 번째로 회의를 진행했으므로 항상 거짓인 설명은 아니다.

14 언어추리 정답 ②

제시된 조건에 따르면 무는 월요일과 금요일에 휴가를 사용하지 않으므로 화요일 또는 수요일 또는 목요일에 휴가를 사용한다. 또한, 갑과 정이 휴가를 사용하는 요일 사이에 2명이 휴가를 사용하므로 갑과 정은 월요일 또는 목요일에 휴가를 사용하거나 화요일 또는 금요일에 휴가를 사용한다. 이때 을은 병보다 먼저 휴가를 사용하므로 갑과 정이 휴가를 사용하는 요일에 따라 가능한 경우는 다음과 같다.

경우 1. 갑과 정이 월요일 또는 목요일에 휴가를 사용하는 경우

월요일	화요일	수요일	목요일	금요일
갑 또는 정	을 또는 무	을 또는 무	갑 또는 정	병

경우 2. 갑과 정이 화요일 또는 금요일에 휴가를 사용하는 경우

월요일	화요일	수요일	목요일	금요일
을	갑 또는 정	병 또는 무	병 또는 무	갑 또는 정

따라서 병이 목요일에 휴가를 사용하면, 무는 수요일에 휴가를 사용하므로 항상 참인 설명이다.

오답 체크

① 무가 수요일에 휴가를 사용하면, 을은 월요일 또는 화요일에 휴가를 사용하므로 항상 참인 설명은 아니다.

③ 정이 병보다 늦게 휴가를 사용하면, 무는 수요일 또는 목요일에 휴가를 사용하므로 항상 참인 설명은 아니다.

④ 갑과 을이 연달아 휴가를 사용하면, 가능한 경우의 수는 4가지이므로 항상 거짓인 설명이다.

⑤ 을이 무보다 먼저 휴가를 사용하면, 가능한 경우의 수는 6가지이므로 항상 거짓인 설명이다.

15 도형추리 정답 ②

각 행에서 다음 열에 제시된 도형은 이전 열에 제시된 도형을 시계 방향으로 90° 회전한 형태이다.

[3행 2열] [3행 3열]

따라서 '?'에 해당하는 도형은 ②이다.

16 도형추리 정답 ⑤

각 열에서 다음 행에 제시된 도형은 이전 행에 제시된 도형의 외부 음영은 반시계 방향으로 두 칸씩 이동하고, 내부 음영은 시계 방향으로 한 칸씩 이동한 형태이다.

[2행 3열] **[3행 3열]**

따라서 '?'에 해당하는 도형은 ⑤이다.

17 도형추리 정답 ①

각 열에서 3행에 제시된 도형은 1행과 2행에 제시된 도형의 공통된 음영은 흰색, 서로 다른 음영은 검은색으로 나타낸 형태이다.

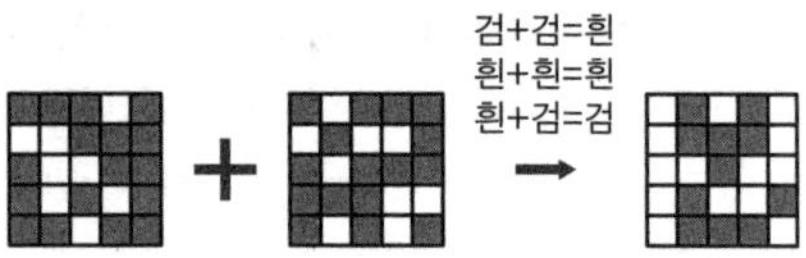

[1행 3열] [2행 3열] **[3행 3열]**

따라서 '?'에 해당하는 도형은 ①이다.

[18-21]

☆: 문자와 숫자 순서에 따라 첫 번째, 세 번째 문자(숫자)를 바로 다음 순서에 오는 문자(숫자)로, 두 번째, 네 번째 문자(숫자)를 다음 세 번째 순서에 오는 문자(숫자)로 변경한다.
ex. abcd → bedg (a+1, b+3, c+1, d+3)

♡: 첫 번째 문자(숫자)를 두 번째 자리로, 두 번째 문자(숫자)를 네 번째 자리로, 네 번째 문자(숫자)를 첫 번째 자리로 이동시킨다.
ex. abcd → dacb

○: 문자와 숫자 순서에 따라 첫 번째, 세 번째 문자(숫자)를 바로 이전 순서에 오는 문자(숫자)로, 두 번째, 네 번째 문자(숫자)를 다음 두 번째 순서에 오는 문자(숫자)로 변경한다.
ex. abcd → zdbf (a−1, b+2, c−1, d+2)

□: 세 번째, 네 번째 문자(숫자)를 서로 바꾼다.
ex. abcd → abdc

18 도식추리 정답 ③

VDEP → ☆ → WGFS → ○ → VIEU

19 도식추리 정답 ⑤

3587 → □ → 3578 → ♡ → 8375 → ○ → 7567

20 도식추리 정답 ⑤

24RZ → ♡ → Z2R4 → ○ → Y4Q6

21 도식추리 정답 ④

2AW7 → ♡ → 72WA → ☆ → 85XD → □ → 85DX

22 문단배열 정답 ③

이 글은 큐비즘의 등장 배경, 초기 분석적 큐비즘과 후기 종합적 큐비즘, 큐비즘의 평가에 대해 설명하는 글이다.
따라서 '(C) 큐비즘의 등장 배경 → (A) 초기 분석적 큐비즘의 접근 방식 → (D) 후기 종합적 큐비즘으로의 기법 변화 → (B) 현대 미술에서의 큐비즘의 평가' 순으로 연결되어야 한다.

23 문단배열 정답 ③

이 글은 배터리를 처음 충전할 때 음극재의 표면에 생기는 고체막인 SEI의 역할과 특징에 대해 설명하는 글이다.
따라서 '(C) SEI의 정의와 구성 요소 → (D) 배터리 작동 원리 이해 → (B) SEI 형성과 SEI의 역할 → (A) 배터리 성능에 영향을 미치는 SEI' 순으로 연결되어야 한다.

24 논리추론 정답 ④

파스퇴르의 백조목 플라스크 실험에 의해 자연발생설이 부정되며 논쟁이 끝맺어졌다고 하였으므로 백조목 플라스크 실험이 자연발생설을 증명할 결정적인 증거가 되었다는 것은 옳지 않은 내용이다.

오답 체크

① 고기즙을 끓이면서 맺힌 수증기는 플라스크의 구부러진 부분에 물로 고였다고 하였으므로 옳은 내용이다.

② 자연발생설을 입증하거나 반박하는 많은 실험이 제시되었지만, 이 학설에 대한 논쟁은 루이 파스퇴르의 백조목 플라스크 실험에 의해 부정되며 마무리되었다고 하였으므로 옳은 내용이다.

③ 플라스크를 기울여 고기즙을 구부러진 부분의 물에 닿게 하자 미생물이 번식하며 뿌옇게 오염되었다고 하였으므로 옳은 내용이다.

⑤ 생물은 무생물 상태에서 자연적으로 생겨나는 것이 아니라 어버이로부터 발생한다는 생물속생설을 제기했다고 하였으므로 옳은 내용이다.

25 논리추론 정답 ⑤

3점식 안전벨트를 개발할 당시에는 자동차 안전벨트가 선택 사항이었다고 하였으므로 3점식 안전벨트가 만들어질 당시 안전벨트 착용의 의무는 없었음을 알 수 있다.

오답 체크

① 자동차 레이싱을 하던 사람들이 비행기에 사용되던 2점식 안전벨트와 동일한 형태의 안전벨트를 만들어 사용했으며, 1950년대를 전후로 자동차에 2점식 안전벨트가 장착되기 시작했다고 하였으므로 옳지 않은 내용이다.

② 3점식 안전벨트를 만들 때 사람들이 안전벨트 착용을 귀찮게 여기는 점을 고려하여 한 손으로 간편하게 안전벨트를 착용할 수 있게 했다고 하였으므로 옳지 않은 내용이다.

③ 초창기의 자동차는 속도가 느렸기 때문에 사람들은 안전벨트의 필요성을 느끼지 못했다고 하였으므로 옳지 않은 내용이다.

④ 자동차 레이싱을 하던 사람들이 당시 비행기 조종사들이 사용하던 안전벨트와 동일한 형태로 자동차 안전벨트를 만들어 사용했다고 하였으므로 옳지 않은 내용이다.

26 논리추론 정답 ⑤

윤리적 소비는 18세기 후반 영국에서 노예들의 희생으로 만들어진 설탕 소비에 대한 거부 운동에서 비롯되었다고 하였으므로 윤리적 소비가 동물의 털로 만들어진 옷의 구입을 거부한 운동에서 시작되었다는 것은 옳지 않은 내용이다.

오답 체크

① 윤리적 소비는 가격과 품질 외에 윤리적으로 올바른 가치를 지닌 제품의 소비를 추구하는 행위라고 하였으므로 옳은 내용이다.

② 소비자들의 소비 행동 패턴의 변화는 기업이 생산하는 제품에도 영향을 준다고 하였으므로 옳은 내용이다.

③ 상품과 서비스를 구매할 때 환경에 가해지는 피해를 최소화한 제품, 공정 무역을 통해 생산된 제품 등을 선택하는 윤리적 소비를 하기 위해 노력하는 사람들이 늘고 있다고 하였으므로 옳은 내용이다.

④ 18세기 후반에 영국인들은 노예들의 희생으로 생산된 설탕의 소비를 거부하였다고 하였으므로 옳은 내용이다.

27 논리추론 정답 ②

생체시계의 호르몬 조절 작용에 따라 밤에는 인슐린의 분비량이 줄어들어 밤에 음식을 먹으면 살이 잘 찌게 된다고 하였으므로 점심이나 저녁을 많이 먹는 사람이 아침을 많이 먹는 사람보다 살찔 확률이 낮은 것은 옳지 않은 내용이다.

오답 체크

① 잠을 깨우는 호르몬인 코르티솔은 매일 오전 6시부터 분비량이 늘다가 3~4시간이 지나면 분비량이 점차 줄어든다고 하였으므로 옳은 내용이다.

③ 밤늦게까지 스마트폰을 사용하면 인공적인 빛에 노출되어 생체시계가 교란되고, 그로 인해 멜라토닌 분비가 원활하지 않게 된다고 하였으므로 옳은 내용이다.

④ 손상된 피부를 회복시키는 섬유 아세포 단백질이 낮에 더 빨리 움직여 밤에 생긴 피부 상처보다 낮에 생긴 상처가 약 2배 빨리 회복된다고 하였으므로 옳은 내용이다.

⑤ 수면 호르몬인 멜라토닌은 오후 8시 이후에 분비가 활성화된다고 하였으므로 옳은 내용이다.

28 논리추론 정답 ③

제시된 글의 필자는 일본의 연구 결과 하나를 근거로 들어 실업으로 인한 정신적 스트레스가 뇌졸중과 같은 신체적 질병을 유발할 수 있다고 주장하고 있다.
따라서 연구 결과를 일반화하여 결론을 도출해서는 안 된다는 반박이 타당하다.

오답 체크

⑤ 자발적 실업과 비자발적 실업에 대해서는 다루고 있지 않으므로 타당하지 않은 내용이다.

29 논리추론 정답 ④

이 글은 마이크로 디스플레이 기술의 정의, 특징, 제작 과정 및 응용 분야에 대한 내용이고, <보기>는 LCoS, OLEDoS, LEDoS 각 기술의 작동 방식과 특징을 비교 분석하고 있는 내용이다.
따라서 마이크로 디스플레이 기술에 해당하는 LCoS, OLEDoS, LEDoS 기술은 마이크로미터 단위의 공정을 통해 제작되는 것이 아님을 알 수 있다.

30 논리추론 정답 ①

이 글은 실험을 통해 부정적인 소문이 빠르고 넓게 확산된다는 것이 증명되었다는 내용이고, <보기>는 노이즈 마케팅이 상품을 고의로 구설수에 오르게 하여 단기간에 큰 홍보 효과를 거두지만 남용할 경우 역효과를 가져올 수 있다는 내용이다.
따라서 부정적 소문은 빠르고 넓게 확산되기 때문에 기업이 노이즈 마케팅을 효과적인 마케팅 수단으로 여긴다는 것을 알 수 있다.

실전모의고사 2회

바로 채점 및 성적 분석 서비스

정답

수리

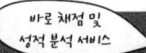

01 응용계산	02 응용계산	03 자료해석	04 자료해석	05 자료해석	06 자료해석	07 자료해석	08 자료해석	09 자료해석	10 자료해석
②	③	④	④	⑤	④	①	③	②	③
11 자료해석	12 자료해석	13 자료해석	14 자료해석	15 자료해석	16 자료해석	17 자료해석	18 자료해석	19 자료해석	20 자료해석
④	④	①	②	⑤	②	④	③	⑤	⑤

추리

01 언어추리	02 언어추리	03 언어추리	04 언어추리	05 언어추리	06 언어추리	07 언어추리	08 언어추리	09 언어추리	10 언어추리
②	③	④	⑤	④	③	①	③	③	②
11 언어추리	12 언어추리	13 언어추리	14 언어추리	15 도형추리	16 도형추리	17 도형추리	18 도식추리	19 도식추리	20 도식추리
④	⑤	④	②	④	①	⑤	④	③	②
21 도식추리	22 문단배열	23 문단배열	24 논리추론	25 논리추론	26 논리추론	27 논리추론	28 논리추론	29 논리추론	30 논리추론
⑤	④	⑤	⑤	④	②	⑤	③	②	②

취약 유형 분석표

유형별로 맞힌 개수, 틀린 문제 번호와 풀지 못한 문제 번호를 적고 나서 취약한 유형이 무엇인지 파악해 보세요.
취약한 유형은, 틀린 문제 및 풀지 못한 문제를 다시 풀어보면서 확실히 극복하세요.

수리

유형	맞힌 개수	틀린 문제 번호	풀지 못한 문제 번호
응용계산	/2		
자료해석	/18		
TOTAL	**/20**		

추리

유형	맞힌 개수	틀린 문제 번호	풀지 못한 문제 번호
언어추리	/14		
도형추리	/3		
도식추리	/4		
문단배열	/2		
논리추론	/7		
TOTAL	**/30**		

합계

영역	제한 시간 내에 푼 문제 수	정답률
수리	/20	%
추리	/30	%
TOTAL	**/50**	**%**

해설

수리

문제 p.4

01 응용계산 정답 ②

작년 인사팀 사원 수를 x라고 하면

작년 대비 올해 인사팀 사원 수는 3명 증가하였으므로 $x+3$명이고, 작년 기획팀 사원 수는 318명이고, 작년 대비 올해 기획팀 사원 수는 6명 증가하였으므로 318 + 6 = 324명이다. 이때 올해 사원 수는 기획팀이 인사팀의 2.4배이므로

$324/(x+3)=2.4 \rightarrow 135=x+3 \rightarrow x=132$

따라서 작년 인사팀 사원 수는 132명이다.

02 응용계산 정답 ③

사건 A가 일어날 확률 = $\frac{\text{사건 A가 일어날 경우의 수}}{\text{모든 경우의 수}}$임을 적용하여 구한다.

S 회사 영업 1팀의 2명, 영업 2팀의 3명, 영업 3팀의 3명 총 8명 중 3명을 뽑는 경우의 수는 ${}_8C_3=\frac{8!}{3!5!}=56$가지이고, 각 팀에서 1명씩 총 3명을 뽑는 경우의 수는 ${}_2C_1 \times {}_3C_1 \times {}_3C_1=2\times3\times3=$ 18가지이다.

따라서 각 팀에서 1명씩 뽑힐 확률은 $\frac{18}{56}=\frac{9}{28}$이다.

03 자료해석 정답 ④

2020년 E 지역의 원유 생산량은 전년 대비 증가하였으므로 옳지 않은 설명이다.

오답 체크

① 2021년 A 지역의 원유 생산량은 전년 대비 {(12,699 − 12,450) / 12,450} × 100 = 2% 증가하였으므로 옳은 설명이다.

② 제시된 5개 지역의 2024년 원유 생산량은 총 12,346 + 8,168 + 11,170 + 13,767 + 13,589 = 59,040천 톤이므로 옳은 설명이다.

③ 2020년 A 지역의 원유 생산량은 B 지역의 원유 생산량의 12,450 / 8,300 = 1.5배이므로 옳은 설명이다.

⑤ 2019~2024년 연도별 C 지역의 원유 생산량의 평균은 (11,756 + 11,403 + 11,591 + 10,207 + 11,163 + 11,170) / 6 = 11,215천 톤이므로 옳은 설명이다.

04 자료해석 정답 ④

제시된 기간 중 유가증권시장 상장회사 수가 두 번째로 많은 해는 2023년이고, 2023년 유가증권시장 상장회사 수는 800개, 유가증권시장 시가총액은 198,000백억 원이다.

따라서 2023년 유가증권시장 상장회사 1개당 평균 시가총액은 198,000 / 800 = 247.5백억 원이다.

05 자료해석 정답 ⑤

2021년 항공우주의료원의 외래환자 진료 건수는 해양의료원의 외래환자 진료 건수의 (295 / 604) × 100 ≒ 48.8%이므로 옳지 않은 설명이다.

오답 체크

① 2019년 외래환자 진료 건수는 강릉이 부산의 880 / 440 = 2배이므로 옳은 설명이다.

② 2018년 전체 외래환자 진료 건수에서 수도가 차지하는 비중은 (2,856 / 14,939) × 100 ≒ 19.1%이므로 옳은 설명이다.

③ 포항의 외래환자 진료 건수 대비 함평의 외래환자 진료 건수의 비율은 2016년에 660 / 550 = 1.2, 2020년에 500 / 450 ≒ 1.1로 2016년이 2020년보다 크므로 옳은 설명이다.

④ 2021년 양주의 외래환자 진료 건수는 2016년 대비 1,712 − 1,575 = 137백 건 감소하였으므로 옳은 설명이다.

06 자료해석 정답 ④

2020년 B 국가의 외환보유액은 전년 대비 {(962 − 740) / 740} × 100 = 30% 증가하였으므로 옳은 설명이다.

오답 체크

① 2021년 C 국가의 외환보유액은 전년 대비 감소하였으므로 옳지 않은 설명이다.

② 제시된 국가 중 2019년 외환보유액의 전년 대비 증가율이 가장 작은 국가는 증가율이 {(3,890 − 3,710) / 3,710} × 100 ≒ 4.9%인 A 국가이므로 옳지 않은 설명이다.

③ 2019년 이후 D 국가의 외환보유액의 전년 대비 증가액이 가장 큰 해는 1,579 − 1,255 = 324억 달러 증가한 2024년이므로 옳지 않은 설명이다.

⑤ 제시된 국가의 2022년 외환보유액의 총합은 4,433 + 1,215 + 2,600 + 1,088 + 3,465 = 12,801억 달러이므로 옳지 않은 설명이다.

07 자료해석 정답 ①

2017년 전체 어음 및 수표 금액은 6.0 × 100 / 0.02 = 30,000조 원이므로 옳은 설명이다.

오답 체크

② 2018년 이후 부도율이 전년도와 동일한 해는 2019년, 2020년, 2021년, 2022년, 2024년으로 총 5개 연도이므로 옳지 않은 설명이다.

③ 2020년과 2024년에 부도 금액은 전년 대비 증가하였으므로 옳지 않은 설명이다.

④ 2022년 부도 금액은 1.8조 원 = 1,800십억 원으로 부도 업체 1개당 부도 금액은 1,800 / 414 ≒ 4.3십억 원이므로 옳지 않은 설명이다.

⑤ 2024년 부도 업체 수는 2019년 대비 {(555 − 183) / 555} × 100 ≒ 67% 감소하였으므로 옳지 않은 설명이다.

08 자료해석 정답 ③

제시된 연령대 중 개인 PC 보유자 수가 세 번째로 많은 연령대는 2,850명인 40대이고, 40대의 개인 PC 보유자 중 인터넷 이용률은 92%이다.

따라서 40대의 개인 PC 보유자 중 인터넷을 이용하는 사람 수는 2,850 × 0.92 = 2,622명이다.

09 자료해석 정답 ②

2018년 국유재산은 760 + 230 = 990조 원이므로 옳지 않은 설명이다.

오답 체크

① 2023년 행정재산의 전년 대비 증가율은 {(858 − 825) / 825} × 100 = 4%이므로 옳은 설명이다.

③ 2019년 국유재산에서 행정재산이 차지하는 비중은 {787 / (787 + 257)} × 100 ≒ 75.4%이므로 옳은 설명이다.

④ 2022년 행정재산은 일반재산의 825 / 300 = 2.75배이므로 옳은 설명이다.

⑤ 2024년 일반재산은 2018년 대비 337 − 230 = 107조 원 증가하였으므로 옳은 설명이다.

[10 - 11]

10 자료해석 정답 ③

2017년 전체 연구원 수에서 경남의 연구원 수가 차지하는 비중은 (196 / 4,827) × 100 ≒ 4.1%이므로 옳지 않은 설명이다.

오답 체크

① 2015년 연구원 수는 세종이 제주의 36 / 15 = 2.4배이므로 옳은 설명이다.

② 2020년 서울의 연구원 수는 2016년 대비 {(1,395 − 1,100) / 1,100} × 100 ≒ 26.8% 증가하였으므로 옳은 설명이다.

④ 2015년 이후 전체 연구원 수는 매년 전년 대비 증가하였으므로 옳은 설명이다.

⑤ 2018년 연구원 수가 다른 지역에 비해 가장 많은 경기는 가장 적은 제주보다 연구원 수가 1,827 − 18 = 1,809백 명 더 많으므로 옳은 설명이다.

11 자료해석 정답 ④

제시된 지역 중 2014년 이후 연구원 1명당 연구개발비가 매년 1억 원 미만인 지역은 부산이고, 2020년 부산의 연구원 1명당 연구개발비는 980십만 원 = 0.980억 원, 연구원 수는 173백 명 = 17,300명이다.

따라서 2020년 부산의 전체 연구개발비는 17,300 × 0.980 = 16,954억 원이다.

[12 - 13]

12 자료해석 정답 ④

2023년 농가인구 중 65세 이상인 사람은 2,314 × 0.423 ≒ 979천 명이므로 옳은 설명이다.

오답 체크

① 2023년 농가 수는 전년 대비 증가하였으므로 옳지 않은 설명이다.

② 농가 수 1호당 농가인구 수는 2019년에 2,496 / 1,068 ≒ 2.34명, 2020년에 2,422 / 1,042 ≒ 2.32명으로 2020년에 전년 대비 감소하였으므로 옳지 않은 설명이다.

③ 2024년 총인구 중 농가인구 비중은 2019년 대비 4.9 − 4.3 = 0.6%p 감소하였으므로 옳지 않은 설명이다.

⑤ 2022년 총가구 수는 1,007 / 0.05 = 20,140천 호이므로 옳지 않은 설명이다.

13 자료해석 정답 ①

a. 총인구수는 2022년에 2,245/0.043≒52,209천 명, 2023년에 2,314/0.045≒51,422천 명으로 2023년에 전년 대비 감소하였으므로 옳지 않은 설명이다.

오답 체크

b. 2024년 총가구 수는 1,031/0.05=20,620천 호, 총인구수는 2,215 / 0.043 ≒ 51,512천 명으로 총가구 1호당 총인구수는 51,512 / 20,620 ≒ 2.5명이므로 옳은 설명이다.

c. 제시된 기간 동안 총인구 중 농가인구 비중이 가장 높은 2018년에 총인구수는 2,569 / 0.05 = 51,380천 명이므로 옳은 설명이다.

[14-15]

14 자료해석 정답 ②

b. 연도별 자동차 판매량 순위는 2023년에 H사, K사, S사, C사, R사, G사 순이고, 2024년에 H사, K사, S사, R사, C사, G사 순으로 2023년과 2024년의 순위가 서로 다른 C사와 R사의 2023년 자동차 판매량의 합은 93,194 + 90,369 = 183,563대이므로 옳은 설명이다.

오답 체크

a. H사를 제외한 제조사별 2023년과 2024년 자동차 판매 점유율의 차이는 G사가 4.0 - 3.8 = 0.2%p, K사가 35.0 - 34.5 = 0.5%p, C사가 6.1 - 5.1 = 1.0%p, S사가 7.2 - 7.1 = 0.1%p, R사가 6.0 - 5.8 = 0.2%p로 C사가 가장 크므로 옳지 않은 설명이다.

c. 2024년 자동차 판매량이 전년 대비 10% 이상 감소한 C사의 2024년 자동차 판매 점유율은 5.1%이고 G사의 2024년 자동차 판매 점유율은 3.8%로 G사가 가장 낮으므로 옳지 않은 설명이다.

15 자료해석 정답 ⑤

2024년 제시된 6개 제조사의 전체 자동차 판매량에서 R사 자동차 판매량이 차지하는 비중은 전년 대비 6.0 - 5.8 = 0.2%p 감소하였으므로 옳지 않은 설명이다.

오답 체크

① 2024년 자동차 판매 점유율이 전년 대비 증가한 제조사는 H사 1개이므로 옳은 설명이다.

② 제시된 제조사 중 2024년 자동차 판매량의 전년 대비 변화율이 가장 큰 제조사는 증감률의 절댓값이 가장 큰 C사이므로 옳은 설명이다.

③ 2023년 S사 자동차 판매량 대비 K사 자동차 판매량의 비율은 530,370 / 109,240 ≒ 4.9이므로 옳은 설명이다.

④ 2024년 자동차 판매량이 전년 대비 증가한 H사의 2024년 자동차 판매량은 전년 대비 658,408 - 632,152 = 26,256대 = 262.56백 대 증가하였으므로 옳은 설명이다.

빠른 문제 풀이 Tip

③ 2023년 S사 자동차 판매량 대비 K사 자동차 판매량의 비율은 2023년 S사 자동차 판매 점유율 대비 K사 자동차 판매 점유율의 비율과 같으므로 35.0/7.2≒4.9임을 알 수 있다.

[16-17]

16 자료해석 정답 ②

c. 제시된 산업 중 2024년 현 인원의 전년 대비 증가 인원이 가장 많은 산업은 증가 인원이 752,232 - 703,966 = 48,266명인 E 산업이므로 옳지 않은 설명이다.

오답 체크

a. 2023년 D 산업의 부족 인원은 전년 대비 {(19,412 - 16,880) / 16,880} × 100 = 15% 증가하였으므로 옳은 설명이다.

b. 2022년 A 산업의 현 인원은 전년 대비 {(106,434 - 98,550) / 98,550} × 100 = 8% 증가하였으므로 옳은 설명이다.

17 자료해석 정답 ④

C 산업의 부족률은 2023년에 {6,280 / (442,570 + 6,280)} × 100 ≒ 1.40%, 2024년에 {6,530 / (464,980 + 6,530)} × 100 ≒ 1.38%로 2024년에 전년 대비 감소하였으므로 옳은 설명이다.

오답 체크

① 2023년 부족 인원이 다른 산업에 비해 가장 많은 산업은 E 산업이므로 옳지 않은 설명이다.

② 2024년 부족률은 B 산업이 {21,823 / (561,918 + 21,823)} × 100 ≒ 3.7%, D 산업이 {20,184 / (831,063 + 20,184)} × 100 ≒ 2.4%로 B 산업이 D 산업보다 크므로 옳지 않은 설명이다.

③ 2022년 A 산업 현 인원 대비 E 산업 현 인원의 비율은 703,635 / 106,434 ≒ 6.6이므로 옳지 않은 설명이다.

⑤ 2022년 이후 A 산업의 부족 인원은 매년 꾸준히 증가하였으며, 이와 증감 추이가 동일한 산업은 B 산업, D 산업으로 총 2개이므로 옳지 않은 설명이다.

빠른 문제 풀이 Tip

② 분자에 해당하는 2024년 부족 인원은 B 산업이 D 산업보다 많고, 분모에 해당하는 2024년 (현 인원+부족 인원)의 값은 B 산업이 D 산업보다 작으므로 2024년 부족률은 B 산업이 D 산업보다 큼을 알 수 있다.

18 자료해석 정답 ③

생산량 = {(A + 생산시간^2) × 인원수} + B임을 적용하여 구한다.

3일 차의 인원수는 28명, 생산시간은 10시간, 생산량은 2,942개이므로

2,942 = {(A + 10^2) × 28} + B → 28A + B = 142 … ⓐ

5일 차의 인원수는 42명, 생산시간은 14시간, 생산량은 8,444개이므로

8,444 = {(A + 14^2) × 42} + B → 42A + B = 212 … ⓑ

ⓑ - ⓐ에서 14A = 70 → A = 5, B = 2

따라서 A는 5, B는 2인 ③이 정답이다.

19 자료해석 정답 ⑤

마진율(%) = {(판매가 − 제조 원가) / 판매가} × 100임을 적용하여 구한다.

부품별 마진율을 계산하면

A 부품이 {(2,000 − 1,500) / 2,000} × 100 = 25%,

B 부품이 {(2,500 − 1,750) / 2,500} × 100 = 30%,

C 부품이 {(1,800 − 1,350) / 1,800} × 100 = 25%,

D 부품이 {(1,500 − 1,200) / 1,500} × 100 = 20%,

E 부품이 {(2,500 − 1,850) / 2,500} × 100 = 26%이다.

따라서 부품별 마진율이 일치하는 ⑤가 정답이다.

20 자료해석 정답 ⑤

A 제품 생산량의 변화를 나타내면 다음과 같다.

2018년	2019년	2020년	2021년	2022년
1,256	1,276	1,296	1,316	1,336

+20 +20 +20 +20

A 제품 생산량은 매년 20천 개씩 증가함을 알 수 있다.

B 제품 생산량의 변화를 나타내면 다음과 같다.

2018년	2019년	2020년	2021년	2022년
1,137	1,157	1,178	1,200	1,223

+20 +21 +22 +23

+1 +1 +1

B 제품 생산량의 전년 대비 증가량은 매년 1천 개씩 증가함을 알 수 있다.

이에 따라 2023년 이후 A 제품과 B 제품의 생산량을 계산하면 다음과 같다.

구분	A 제품	B 제품
2023년	1,336 + 20 = 1,356	1,223 + 24 = 1,247
2024년	1,356 + 20 = 1,376	1,247 + 25 = 1,272
2025년	1,376 + 20 = 1,396	1,272 + 26 = 1,298
2026년	1,396 + 20 = 1,416	1,298 + 27 = 1,325
2027년	1,416 + 20 = 1,436	1,325 + 28 = 1,353
2028년	1,436 + 20 = 1,456	1,353 + 29 = 1,382

따라서 2028년 A 제품과 B 제품의 생산량의 합은 1,456 + 1,382 = 2,838천 개이다.

추리

문제 p.18

01 언어추리 정답 ②

자전거를 타는 모든 사람이 킥보드를 타지 않고, 테니스를 하는 어떤 사람이 킥보드를 타면 자전거를 타지 않으면서 테니스를 하는 사람이 반드시 존재하게 된다.

따라서 '자전거를 타지 않는 어떤 사람은 테니스를 한다.'가 타당한 결론이다.

오답 체크

자전거를 타는 사람을 '자', 킥보드를 타는 사람을 '킥', 테니스를 하는 사람을 '테'라고 하면

① 자전거를 타는 사람 중에 테니스를 하지 않는 사람이 있을 수도 있으므로 반드시 참인 결론이 아니다.

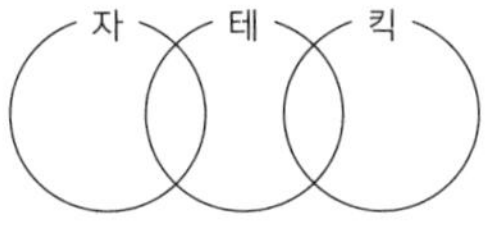

③ 테니스를 하는 모든 사람은 자전거를 타지 않을 수도 있으므로 반드시 참인 결론이 아니다.

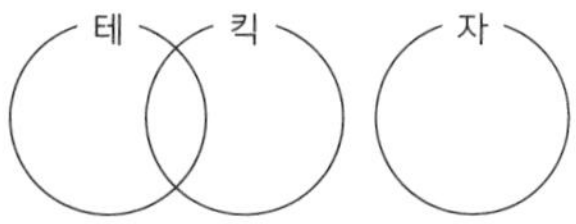

④ 자전거를 타는 모든 사람은 테니스를 할 수도 있으므로 반드시 참인 결론이 아니다.

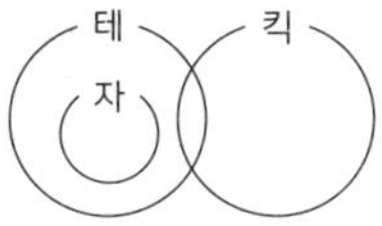

⑤ 테니스를 하는 사람 중에 자전거를 타는 사람이 있을 수도 있으므로 반드시 참인 결론이 아니다.

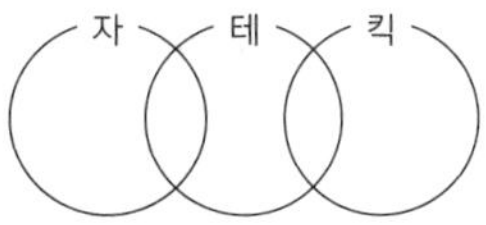

02 언어추리 정답 ③

품질이 좋은 모든 제품이 인기가 있고, 가격이 비싼 어떤 제품이 품질이 좋으면 인기가 있으면서 가격이 비싼 제품이 반드시 존재하게 된다.

따라서 '가격이 비싼 어떤 제품은 인기가 있다.'가 타당한 결론이다.

오답 체크

품질이 좋은 제품을 '품', 인기가 있는 제품을 '인', 가격이 비싼 제품을 '가'라고 하면

① 가격이 비싼 제품 중에 인기가 없는 제품이 있을 수도 있으므로 반드시 참인 결론이 아니다.

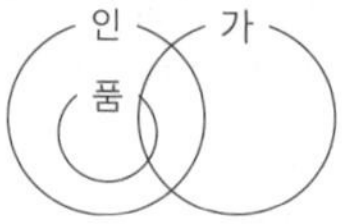

② 인기가 있는 모든 제품은 가격이 비쌀 수도 있으므로 반드시 참인 결론이 아니다.

④ 인기가 없는 모든 제품은 가격이 비싸지 않을 수도 있으므로 반드시 참인 결론이 아니다.

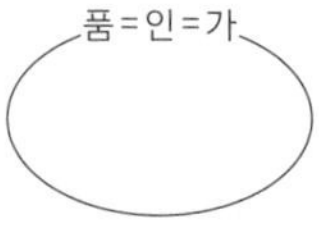

⑤ 가격이 비싼 제품 중에 인기가 있는 제품이 적어도 한 개 존재하므로 반드시 거짓인 결론이다.

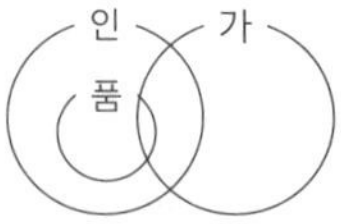

03 언어추리 정답 ④

한식 자격증이 있는 모든 사람이 양식 자격증이 있고, 일식 자격증이 있는 모든 사람이 한식 자격증이 있으면 일식 자격증이 있는 모든 사람은 양식 자격증이 있게 된다. 이에 따라 양식 자격증이 없는 모든 사람은 일식 자격증이 없다.

따라서 '일식 자격증이 있는 모든 사람은 한식 자격증이 있다.'가 타당한 전제이다.

오답 체크

한식 자격증이 있는 사람을 '한', 양식 자격증이 있는 사람을 '양', 일식 자격증이 있는 사람을 '일'이라고 하면

①, ② 한식 자격증이 있는 모든 사람이 양식 자격증이 있고, 한식 자격증이 있는 모든 사람이 일식 자격증이 있으면 양식 자격증이 없는 사람 중에 일식 자격증이 있는 사람이 있을 수도 있으므로 결론이 반드시 참이 되게 하는 전제가 아니다.

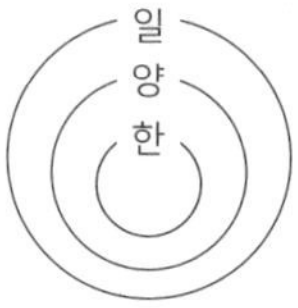

③ 한식 자격증이 있는 모든 사람이 양식 자격증이 있고, 일식 자격증이 있는 어떤 사람이 한식 자격증이 있으면 양식 자격증이 없는 사람 중에 일식 자격증이 있는 사람이 있을 수도 있으므로 결론이 반드시 참이 되게 하는 전제가 아니다.

⑤ 한식 자격증이 있는 모든 사람이 양식 자격증이 있고, 일식 자격증이 있는 모든 사람이 한식 자격증이 없으면 양식 자격증이 없는 사람 중에 일식 자격증이 있는 사람이 있을 수도 있으므로 결론이 반드시 참이 되게 하는 전제가 아니다.

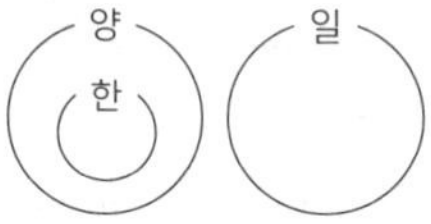

04 언어추리 정답 ⑤

제시된 조건에 따르면 A의 바로 왼쪽에는 C가 앉으며, D는 A와 이웃하여 앉지 않고 D의 맞은편에 앉은 사람은 없으므로 A의 바로 왼쪽에는 C가, C의 바로 왼쪽에는 D가 앉는다. 이때 A와 E는 마주 보고 앉지 않으므로 A의 맞은편에는 B가 앉고, C의 맞은편에는 E가 앉는다. 또한, C는 한식을 선택하고 한식을 선택한 사람의 양옆에는 일식을 선택한 사람이 앉지 않으며, D는 중식을 선택하지 않으므로 D는 한식을 선택한다. 이때 중식을 선택한 두 명은 나란히 앉지 않으므로 A와 B 또는 A와 E가 중식을 선택했음을 알 수 있으며, 중식을 선택한 사람에 따라 가능한 경우는 다음과 같다.

경우 1. A와 B가 중식을 선택한 경우

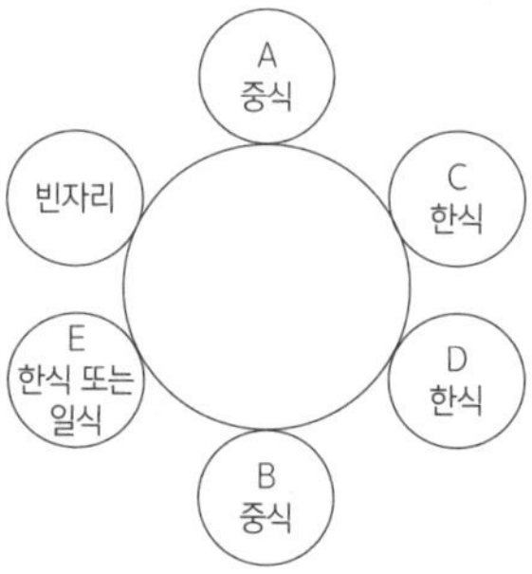

경우 2. A와 E가 중식을 선택한 경우

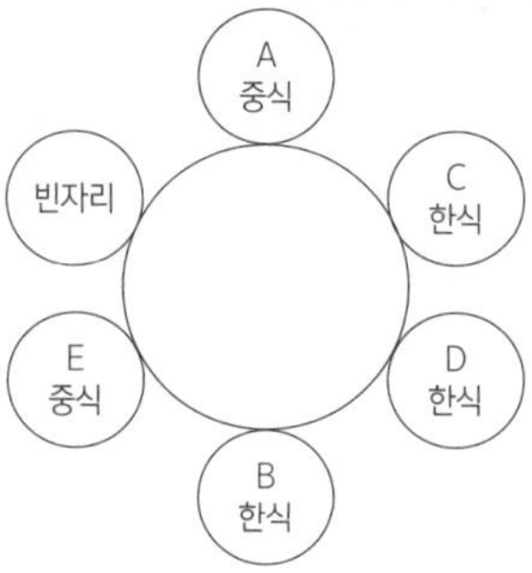

따라서 E는 빈자리 바로 오른쪽에 앉으므로 항상 참인 설명이다.

오답 체크

① A는 중식을 선택하므로 항상 거짓인 설명이다.

② B가 중식을 선택하면, E는 한식 또는 일식을 선택하므로 항상 참인 설명은 아니다.

③ C의 바로 왼쪽에는 D가 앉으므로 항상 거짓인 설명이다.

④ 한식을 선택한 사람은 2명 또는 3명이므로 항상 참인 설명은 아니다.

05 언어추리 정답 ④

제시된 조건에 따르면 6명의 빨래 횟수는 총 12번이고, B는 빨래를 1번만 하므로 나머지 5명의 빨래 횟수는 11번이다. 이에 따라 C와 D의 빨래 횟수는 같고, A의 빨래 횟수는 3번 이상이므로 C와 D의 빨래 횟수는 1번 또는 2번 또는 3번이다. 이때 C와 D의 빨래 횟수가 3번이면 E와 F의 빨래 횟수가 같게 되지만, F의 빨래 횟수는 E보다 많아야 하므로 C와 D의 빨래 횟수는 1번 또는 2번임을 알 수 있다. C와 D의 빨래 횟수에 따라 가능한 경우는 다음과 같다.

경우 1. C와 D의 빨래 횟수가 1번인 경우

A	B	C	D	E	F
3번	1번	1번	1번	1번	5번
3번		1번	1번	2번	4번
4번		1번	1번	1번	4번
4번		1번	1번	2번	3번
5번		1번	1번	1번	3번
6번		1번	1번	1번	2번

경우 2. C와 D의 빨래 횟수가 2번인 경우

A	B	C	D	E	F
3번	1번	2번	2번	1번	3번
4번		2번	2번	1번	2번

따라서 F의 빨래 횟수가 A보다 많으면, A는 빨래를 3번 하므로 항상 참인 설명이다.

오답 체크

① E는 빨래를 1번 또는 2번 하므로 항상 거짓인 설명이다.

② D와 E의 빨래 횟수는 같거나 다르므로 항상 참인 설명은 아니다.

③ A, C의 빨래 횟수의 합이 D, E, F의 빨래 횟수의 합보다 크면, C는 빨래를 1번 또는 2번 하므로 항상 참인 설명은 아니다.

⑤ C와 F의 빨래 횟수가 같으면, A는 빨래를 4번 하므로 항상 거짓인 설명이다.

06 언어추리 정답 ③

제시된 조건에 따르면 한식을 선택한 사람은 거짓, 양식을 선택한 사람은 진실을 말하고, C는 거짓을 말하므로 한식을 선택한다. 이때 A와 E는 같은 종류의 메뉴를 선택하고, D와 E는 서로 다른 종류의 메뉴를 선택하므로 A와 E는 D와 서로 다른 종류의 메뉴를 선택한다. 이에 따라 진실을 말하는 사람은 3명이므로 A, B, E가 진실을 말하며 양식을 선택하고, C, D가 거짓을 말하며 한식을 선택한다.
따라서 5명 중 양식을 선택하지 않는 사람은 한식을 선택하는 C, D이다.

07 언어추리 정답 ①

제시된 조건에 따르면 1번 벽은 초록색으로, 6번 벽은 빨간색으로 칠하고, 노란색은 파란색보다 번호가 작은 벽에 칠하며, 보라색은 파란색보다 번호가 큰 벽에 칠하므로 노란색은 2번 또는 3번 벽에 칠한다. 노란색으로 칠하는 벽의 번호에 따라 가능한 경우는 다음과 같다.

경우 1. 2번 벽을 노란색으로 칠하는 경우

주황색 또는 보라색	**빨간색**
파란색	주황색 또는 보라색
초록색	노란색

보라색	**빨간색**
주황색	파란색
초록색	노란색

경우 2. 3번 벽을 노란색으로 칠하는 경우

보라색	**빨간색**
노란색	파란색
초록색	주황색

따라서 주황색과 보라색은 서로 다른 층의 벽에 칠하므로 항상 거짓인 설명이다.

오답 체크

② 3번 벽은 주황색 또는 노란색 또는 파란색으로 칠하므로 항상 거짓인 설명은 아니다.

③ 노란색과 주황색으로 칠한 벽의 번호는 1 또는 2 또는 3만큼 차이가 나므로 항상 거짓인 설명은 아니다.

④ 주황색은 노란색보다 번호가 큰 벽에 칠하거나 번호가 작은 벽에 칠하므로 항상 거짓인 설명은 아니다.

⑤ 빨간색은 3층 벽에, 보라색은 2층 또는 3층 벽에 칠하므로 항상 거짓인 설명은 아니다.

08 언어추리

정답 ③

제시된 조건에 따르면 D는 8시 또는 8시 2분에 도착하였고, E는 B보다 6분 먼저 도착하였으므로 E는 1번째 또는 2번째 또는 3번째로 도착하였다. 먼저, E가 1번째로 도착한 경우 D는 2번째, B는 4번째로 도착하였고, C는 B와 F가 도착한 순서 사이에 도착하였으므로 F가 6번째로 도착하였지만, 이는 A가 F보다 늦게 도착하였다는 조건에 모순된다. 다음으로 E가 2번째로 도착한 경우, D는 1번째, B는 5번째로 도착하였고, F는 3번째로 도착하였으므로 C는 4번째, A는 6번째로 도착하였지만, 이는 A가 가장 늦게 도착하지 않았다는 조건에 모순된다. 다음으로 E가 3번째로 도착한 경우, D는 1번째 또는 2번째, B는 6번째로 도착하였으므로 가능한 경우는 다음과 같다.

구분	1번째	2번째	3번째	4번째	5번째	6번째
도착 시각	8시	8시 2분	8시 4분	8시 6분	8시 8분	8시 10분
도착 회원	D 또는 F	D 또는 F	E	A 또는 C	A 또는 C	B

따라서 A와 C가 도착한 순서는 3번째 또는 4번째로 인접하므로 항상 거짓인 설명이다.

오답 체크

① F는 8시 또는 8시 2분에 도착하였으므로 항상 거짓인 설명은 아니다.

② B는 6번째로 도착하였으므로 항상 참인 설명이다.

④ D는 B보다 8분 또는 10분 먼저 도착하였으므로 항상 거짓인 설명은 아니다.

⑤ E는 8시 4분에 도착하였으므로 항상 참인 설명이다.

09 언어추리

정답 ③

제시된 조건에 따르면 운동화 사이즈는 5명 중 2명이 230, 나머지 3명이 240이고, 각자 자신의 운동화 사이즈에 맞춰 응모에 참여했으며, 5명 중 당첨자는 1명이고, 당첨자만 거짓을 말했으므로 당첨자에 따라 가능한 경우는 다음과 같다.

경우 1. 당첨자가 갑인 경우

갑	을	병	정	무
거짓	진실	진실	진실	진실
240	230	240	240	240

→ 2명이 230, 나머지 3명이 240이라는 조건에 모순된다.

경우 2. 당첨자가 을인 경우

갑	을	병	정	무
진실	거짓	진실	진실	진실
230	230	240	230	240

→ 2명이 230, 나머지 3명이 240이라는 조건에 모순된다.

경우 3. 당첨자가 병인 경우

갑	을	병	정	무
진실	진실	거짓	진실	진실
230	240	240	230	240

→ 2명이 230, 나머지 3명이 240이라는 조건을 만족한다.

경우 4. 당첨자가 정인 경우

갑	을	병	정	무
진실	진실	진실	거짓	진실
230	230	230	240	240

→ 2명이 230, 나머지 3명이 240이라는 조건에 모순된다.

경우 5. 당첨자가 무인 경우

갑	을	병	정	무
진실	진실	진실	진실	거짓
230	230	240	240	230

→ 2명이 230, 나머지 3명이 240이라는 조건에 모순된다.

따라서 당첨자는 병이다.

10 언어추리

정답 ②

제시된 조건에 따르면 A는 4번 좌석에 앉고, C와 E는 같은 행에 앉으며, B와 D는 서로 다른 행에 앉으므로 C와 E는 1행에 앉고, B와 D 중 한 명은 1행에, 다른 한 명은 2행에 앉는다. 이때 E와 F는 같은 열에 앉으므로 1열 또는 3열에 앉는다. E와 F가 앉는 열에 따라 가능한 경우는 다음과 같다.

경우 1. E와 F가 1열에 앉는 경우

E	C 또는 B 또는 D	C 또는 B 또는 D
F	A	B 또는 D

경우 2. E와 F가 3열에 앉는 경우

C 또는 B 또는 D	C 또는 B 또는 D	E
B 또는 D	A	F

따라서 C가 5번 자리에 앉으면, B와 D는 각각 3번 또는 6번 자리에 앉아 B와 D가 앉는 좌석의 번호는 3만큼 차이 나므로 항상 참인 설명이다.

오답 체크

① C가 3번 자리에 앉으면, E는 1번 또는 5번 자리에 앉으므로 항상 참인 설명은 아니다.

③ D가 1행에 앉으면, 가능한 경우의 수는 4가지이므로 항상 거짓인 설명이다.

④ F가 3열에 앉으면, 가능한 경우의 수는 4가지이므로 항상 거짓인 설명이다.

⑤ C와 E가 앉는 좌석의 번호가 2만큼 차이 나면, 가능한 경우의 수는 4가지이므로 항상 거짓인 설명이다.

11 언어추리 정답 ④

제시된 조건에 따르면 다희의 총점수는 22점이며, 총점수는 가영이가 가장 낮고, 나은이가 가장 높으므로 가영이의 총점수는 18~21점이고, 나은이의 총점수는 23~30점이다. 이때 가영이는 8점을 한 번 쐈으므로 총점수는 20~21점이고, 라율이는 7점을 두 번 쐈으므로 총점수는 21점 또는 23점 또는 24점이다. 가영이의 총점수에 따라 가능한 경우는 다음과 같다.

경우 1. 가영이의 총점수가 20점일 경우

구분	총점수
가영	20점
나은	23~30점
다희	22점
라율	21점, 23점, 24점

경우 2. 가영이의 총점수가 21점일 경우

구분	총점수
가영	21점
나은	24~30점
다희	22점
라율	23점, 24점

따라서 가영이의 총점수가 21점이면, 라율이는 2등이므로 항상 거짓인 설명이다.

오답 체크

① 20점 미만을 쏜 사람은 없으므로 항상 참인 설명이다.

② 다희는 2등 또는 3등이므로 항상 거짓인 설명은 아니다.

③ 총점수가 30점인 사람은 나은이거나 없으므로 항상 거짓인 설명은 아니다.

⑤ 라율이의 총점수가 24점이면, 가영이의 총점수는 20점 또는 21점이므로 항상 거짓인 설명은 아니다.

12 언어추리 정답 ⑤

제시된 조건에 따르면 4명 중 홀수를 받은 학생 1명은 거짓, 짝수를 받은 학생 3명은 진실을 말했다. C가 거짓을 말하고 있다는 D의 말이 진실이면 C의 말은 거짓이고, D의 말이 거짓이면 C의 말은 진실이므로 A와 B의 말은 진실이 된다. 이때 C의 말이 진실이면 C는 짝수 중 가장 큰 수인 8을 받게 되어 B의 말은 거짓이 되므로 C의 말은 거짓임을 알 수 있다. 이에 따라 A, B, D의 말은 진실이므로 B가 받은 숫자는 8이고, 4명이 받은 카드 숫자의 총합은 17이므로 A, C, D가 받은 숫자의 총합은 9이다. 이에 따라 가능한 경우는 다음과 같다.

구분	경우 1	경우 2	경우 3
A	2	4	6
B	8	8	8
C	1	3	1
D	6	2	2

따라서 4명이 받은 카드 중 가장 큰 수는 8이므로 항상 참인 설명이다.

오답 체크

① D가 받은 숫자는 2 또는 6이므로 항상 참인 설명은 아니다.

② 숫자 6을 받은 학생은 A 또는 D이거나 없으므로 항상 참인 설명은 아니다.

③ 가능한 경우의 수는 3가지이므로 항상 거짓인 설명이다.

④ 4명이 받은 카드 중 가장 작은 수는 1 또는 2이므로 항상 참인 설명은 아니다.

13 언어추리 정답 ④

제시된 조건에 따르면 무는 2번 코스를 이용하고, 갑과 무는 같은 코스를 이용하지 않으므로 갑은 1번 또는 3번 또는 4번 코스를 이용한다. 이때 각 코스는 3명 이상이 이용할 수 없고, 을과 정은 같은 코스를 이용하며, 정은 3번 코스를 이용하지 않으므로 을과 정은 1번 또는 4번 코스를 이용한다. 을과 정이 이용하는 코스에 따라 가능한 경우는 다음과 같다.

경우 1. 을과 정이 1번 코스를 이용하는 경우

1번	2번	3번	4번
을, 정	병, 무	갑	X
	병, 무	X	갑
	무	갑, 병	X
	무	X	갑, 병
	무	갑	병
	무	병	갑

경우 2. 을과 정이 4번 코스를 이용하는 경우

1번	2번	3번	4번
갑	병, 무	X	을, 정
X	병, 무	갑	
갑, 병	무	X	
X	무	갑, 병	
갑	무	병	
병	무	갑	

따라서 병이 4번 코스를 이용하면, 가능한 경우의 수는 2가지이므로 항상 참인 설명이다.

오답 체크

① 병과 무가 같은 코스를 이용하면, 갑은 1번 또는 3번 또는 4번 코스를 이용하므로 항상 참인 설명은 아니다.

② 을이 1번 코스를 이용하면, 갑과 병은 같은 코스를 이용하거나 서로 다른 코스를 이용하므로 항상 참인 설명은 아니다.

③ 갑과 병이 3번 코스를 이용하면, 가능한 경우의 수는 2가지이므로 항상 거짓인 설명이다.

⑤ 1번 코스를 이용하는 사람이 없다면, 가능한 경우의 수는 2가지이므로 항상 거짓인 설명이다.

14 언어추리 정답 ②

제시된 조건에 따르면 E는 운전석에 앉고, A는 맨 앞줄에, B는 맨 뒷줄에 앉으며, C는 G와 옆으로 이웃하여 앉으므로 C와 G는 가운데 줄 또는 맨 뒷줄에 앉는다. 이때 D의 바로 앞 좌석에 G가 앉으므로 C와 G는 가운데 줄에 앉고, D는 맨 뒷줄에 앉는다. 이에 따라 A의 양옆 좌석에 앉아 있는 사람이 있고, B의 바로 앞 좌석은 비어있으므로 C와 G가 앉는 위치에 따라 가능한 경우는 다음과 같다.

경우 1. C와 G가 4번 또는 5번 좌석에 앉는 경우

E	A	F
C	G	X
X	D	B

E	A	F
G	C	X
D	X	B

경우 2. C와 G가 5번 또는 6번 좌석에 앉는 경우

E	A	F
X	C	G
B	X	D

E	A	F
X	G	C
B	D	X

따라서 C가 4번 좌석에 앉으면, 9번 좌석에 B가 앉으므로 항상 거짓인 설명이다.

오답 체크

① G가 5번 좌석에 앉으면, C는 4번 또는 6번 좌석에 앉으므로 항상 거짓인 설명은 아니다.

③ F의 바로 뒷좌석이 비어있으면, D는 7번 또는 8번 좌석에 앉으므로 항상 거짓인 설명은 아니다.

④ 9번 좌석이 비어있으면, B와 D는 옆으로 이웃하여 앉으므로 항상 참인 설명이다.

⑤ F가 3번 좌석에 앉으면, 가능한 경우의 수는 4가지이므로 항상 참인 설명이다.

15 도형추리 정답 ④

각 열에서 다음 행에 제시된 도형은 이전 행에 제시된 도형의 내부 도형을 제자리에서 시계 방향으로 90° 회전한 후 색반전한 형태이다.

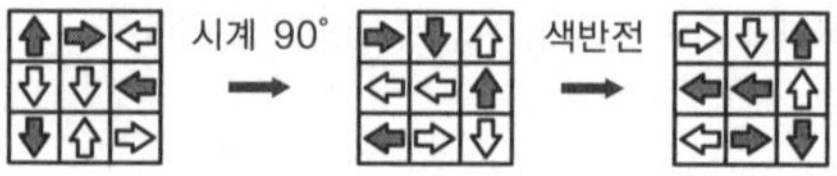

[2행 3열] [3행 3열]

따라서 '?'에 해당하는 도형은 ④이다.

16 도형추리 정답 ①

1행을 기준으로 다음 행에 제시된 도형은 이전 행에 제시된 도형을 색반전하면서 오른쪽으로 한 칸씩 이동한 형태이다.

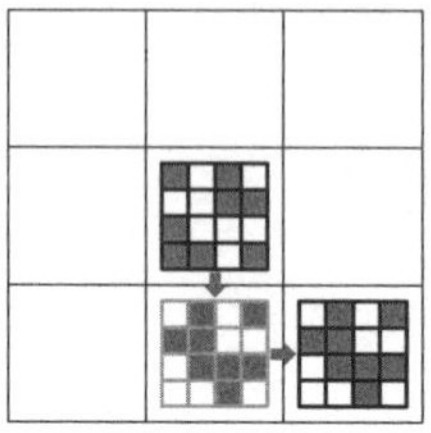

따라서 '?'에 해당하는 도형은 ①이다.

17 도형추리 정답 ⑤

각 행에서 다음 열에 제시된 도형은 이전 열에 제시된 도형의 음영을 반시계 방향으로 한 칸씩 이동한 형태이다.

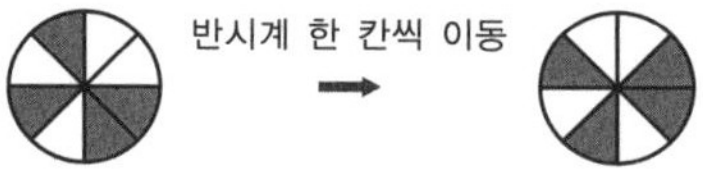

[3행 2열] [3행 3열]

따라서 '?'에 해당하는 도형은 ⑤이다.

[18-21]

●: 첫 번째, 세 번째 문자(숫자)를 서로 바꾼다.
ex. abcd → cbad

■: 문자와 숫자 순서에 따라 두 번째 문자(숫자)를 바로 이전 순서에 오는 문자(숫자)로, 세 번째 문자(숫자)를 이전 두 번째 순서에 오는 문자(숫자)로, 네 번째 문자(숫자)를 이전 세 번째 순서에 오는 문자(숫자)로 변경한다.
ex. abcd → aaaa (a, b−1, c−2, d−3)

☆: 두 번째, 세 번째 문자(숫자)를 서로 바꾼다.
ex. abcd → acbd

◇: 문자와 숫자 순서에 따라 첫 번째, 두 번째 문자(숫자)를 바로 다음 순서에 오는 문자(숫자)로, 세 번째, 네 번째 문자(숫자)를 바로 이전 순서에 오는 문자(숫자)로 변경한다.
ex. abcd → bcbc (a+1, b+1, c−1, d−1)

18 도식추리
정답 ④

SGGZ → ● → GGSZ → ☆ → GSGZ

19 도식추리
정답 ③

2567 → ■ → 2444 → ☆ → 2444 → ◇ → 3533

20 도식추리
정답 ②

T7D4 → ◇ → U8C3 → ● → C8U3

21 도식추리
정답 ⑤

8Z2Q → ☆ → 82ZQ → ■ → 81XN → ◇ → 92WM

22 문단배열
정답 ④

이 글은 CSR과 구별되는 CSV의 특징 및 CSV의 부상 이유에 대해 설명하는 글이다.

따라서 '(B) CSV의 개념 → (A) CSV와 CSR의 차이점 → (D) CSR 대비 CSV의 장점 → (C) CSV가 갖는 의의' 순으로 연결되어야 한다.

23 문단배열
정답 ⑤

이 글은 조울증을 일으키는 특정 유전자의 발견 과정과 조울증 치료 수단으로의 활용 가능성에 대해 설명하는 글이다.

따라서 '(D) 조울증을 일으키는 유전자의 존재 발견 → (B) SHANK3의 손상 사례에 착안하여 해당 유전자의 과발현에 주목 및 SHANK3만 과발현된 쥐의 조증 증세를 확인한 연구팀 → (C) 쥐뿐만 아니라 SHANK3만 과발현된 사람을 통해 SHANK3의 강화가 조울증을 유발한다는 점을 확인한 연구팀 및 조울증 치료제 개발에 활용될 수 있는 연구 결과 → (A) 이 연구 결과를 통해 기존과 다른 새로운 방식으로 진행될 가능성이 있는 조울증 치료' 순으로 연결되어야 한다.

24 논리추론
정답 ⑤

마그네트론은 제2차 세계대전 당시 존 랜들과 해리 부트라는 영국 과학자들이 발명한 장치라고 하였으며, 전자레인지는 퍼시 스펜서가 마그네트론에서 발생하는 마이크로파를 이용하여 개발한 것이라고 하였으므로 마그네트론을 만든 사람이 전자레인지도 개발했다는 것은 옳지 않은 내용이다.

오답 체크

① 전자레인지의 마이크로파가 음식 속에 있는 물 분자를 진동시키는 과정에서 발생한 열에너지에 의해 음식물의 온도가 올라가는 것이라고 하였으며, 금속 용기를 사용하면 마이크로파가 반사되어 음식이 가열되지 않는다고 하였으므로 옳은 내용이다.

② 초창기 전자레인지는 크고 무거웠으며 가격도 비싸서 상업용으로만 이용되었다고 하였으므로 옳은 내용이다.

③ 수분이 있는 모든 음식물은 전자레인지로 조리할 수 있다고 하였으므로 옳은 내용이다.

④ 금속 용기나 알루미늄 포일은 마이크로파를 반사시켜 음식이 잘 가열되지 않는다고 하였으므로 옳은 내용이다.

25 논리추론
정답 ④

남성의 경우 걷기운동을 자주 할수록 비만이 될 확률이 낮아졌지만 여성은 그 효과가 크지 않았다고 하였으므로 여성에 비해 남성이 걷기운동을 자주 해도 비만 확률을 낮추기 어렵다는 것은 옳지 않은 내용이다.

오답 체크

① 아침을 자주 거르는 남성은 그렇지 않은 남성에 비해 비만이 될 확률이 30% 이상 높다고 하였으므로 옳은 내용이다.

② 여성은 외식을 자주 할 경우 오히려 평균 BMI가 더 낮게 나타났다고 하였으므로 옳은 내용이다.

③ 남성의 경우 외식을 자주 할수록, 아침을 자주 거를수록 비만이 될 확률이 높아졌다고 하였으므로 옳은 내용이다.

⑤ 여성은 아침을 잘 챙겨 먹지 않을수록 비만이 될 확률이 낮아지는 것으로 나타났다고 하였으므로 옳은 내용이다.

26 논리추론
정답 ②

열대성저기압은 시속 10~20km 정도의 속도로 이동하다가 육지에 도착하면 수분 공급이 줄어들어 소멸한다고 하였으므로 수분 공급이 중단되면 열대성저기압의 위력도 점차 약해짐을 알 수 있다.

오답 체크

① 열대성저기압은 시속 10~20km 정도의 속도로 이동하다가 육지에 도착하면 수분 공급이 줄어들어 소멸한다고 하였으므로 옳지 않은 내용이다.

③ 과거 호주에서는 열대성저기압을 '윌리윌리'라고 부르기도 하였지만, 현재는 해당 기상용어를 없애고 사이클론으로 표기하고 있다고 하였으므로 옳지 않은 내용이다.

④ 열대성저기압은 북태평양, 카리브해, 아라비아해, 동태평양, 남인도양과 같은 열대 해상에서 발생한다고 하였으므로 옳지 않은 내용이다.

⑤ 태풍의 눈이 다가오면 갑자기 하늘이 맑게 갠다고 하였으므로 옳지 않은 내용이다.

27 논리추론 정답 ⑤

강수량이 많지 않고 건조한 기후로 인해 안데스산맥 동쪽에서는 고원 지대와 사막을 볼 수 있다고 하였으므로 비가 적게 내리는 안데스산맥 서쪽 파타고니아에서는 사막이 나타나기도 한다는 것은 옳지 않은 내용이다.

오답 체크

① 칠레 파타고니아 해안 지역은 남북 강수량 차이가 크게 나타나 남쪽으로 갈수록 눈이 많이 내린다고 하였으므로 옳은 내용이다.

② 파타고니아의 기후는 일반적으로 서늘하고 바람이 세게 분다고 하였으므로 옳은 내용이다.

③ 파타고니아는 최근 아르헨티노호 등의 다양한 빙하호가 관광 명소로 유명해져 이 지역의 관광 산업이 부상하고 있다고 하였으므로 옳은 내용이다.

④ 위도가 같을 때 대서양 방면의 아르헨티나 파타고니아 해안 지역은 태평양 방면의 칠레 파타고니아 지역보다 여름철 기온이 높다고 하였으므로 옳은 내용이다.

28 논리추론 정답 ③

제시된 글의 필자는 반려견이 여러 기생충에 쉽게 노출되어 감염 가능성이 높으며, 기생충에 감염되었을 경우 사람에게 옮겨 건강을 해칠 수 있으므로 사람이 사는 공간과 분리된 장소에서 길러야 한다고 주장하고 있다.

따라서 강아지가 질병에 걸리지 않도록 주기적으로 구충제를 먹이고 예방접종을 시행하면 기생충 감염 문제를 해결할 수 있다는 반박이 타당하다.

29 논리추론 정답 ②

이 글은 기업이 고객 자신조차 인지하지 못해 겉으로 드러나지 않는 욕구를 찾아내야 한다는 내용이고, <보기>는 다이슨이 기존 선풍기에 대한 고객의 불편함을 포착해 날개 없는 선풍기를 출시했다는 내용이다.

따라서 다이슨은 날개 있는 선풍기가 일반적이었던 때에 날개 없는 선풍기에 대한 사람들의 잠재된 욕망을 포착하였음을 알 수 있다.

30 논리추론 정답 ②

이 글은 세포독성항암제, 표적항암제, 면역항암제로 이어지는 항암제의 발전과정과 면역항암제 중 하나인 CAR-T 치료제의 특징에 대한 내용이고, <보기>는 CAR-T 치료제를 통한 암 치료 과정에서 발생할 수 있는 부작용인 사이토카인 방출 증후군(CRS)에 대한 내용이다.

따라서 사이토카인 방출 증후군은 치료제를 장기간 사용할 경우 발생하는 표적항암제의 단점이 아님을 알 수 있다.

오답 체크

① 글에 따르면 CAR-T 치료제는 외부 물질이 아닌 체내 면역세포의 기억 능력과 적응력을 이용하여 암세포를 공격할 수 있도록 하는 방식으로 작동한다고 하였으며, <보기>에 따르면 사이토카인은 인체 내 면역 물질이라고 하였으므로 적절한 내용이다.

③ 글에 따르면 CAR-T 치료제는 다른 면역 치료법에 비해 주목할 만한 성과를 보인다는 점에서 항암제의 새로운 길을 열 것으로 기대되고 있으며, <보기>에 따르면 CAR-T 치료제 부작용에 대한 연구는 진행중에 있다고 하였으므로 적절한 내용이다.

④ 글에 따르면 세포독성항암제는 환자들이 구토, 고열 등의 증상을 호소하였으며, <보기>에 따르면 면역 물질인 사이토카인이 대량으로 방출되어 염증 반응을 일으키며, 고열, 저혈압, 호흡 곤란과 같은 증상을 동반한다고 하였으므로 적절한 내용이다.

⑤ 글에 따르면 면역항암제의 예시 중 하나가 바로 T세포를 활용하는 CAR-T 치료제이며, <보기>에 따르면 CAR-T 치료제의 주요 부작용인 CRS가 심할 경우 며칠 이내 다발성 장기 손상으로 이어질 수 있다고 하였으므로 적절한 내용이다.

SAMSUNG 온라인 GSAT 대비 실전 연습!

GSAT 온라인 모의고사
무료 응시권

4EA2BK94KK20E000

교재 수록 모의고사
전 회차 온라인 응시 서비스

2C68AC37KKE65000

* 본 서비스는 교재에 수록된 동일한 문제를 온라인 환경으로 풀이해 볼 수 있는 서비스입니다.

이용방법 **해커스잡 사이트(ejob.Hackers.com)** 접속 후 로그인 ▶ 사이트 메인 우측 상단 **[나의정보]** 클릭 ▶ **[나의 쿠폰 - 쿠폰/수강권 등록]**에 위 쿠폰번호 입력 ▶ **[마이클래스 - 모의고사]**에서 응시

* 본 쿠폰은 한 ID당 1회에 한해 등록 가능하며, 쿠폰 등록 시점 직후부터 30일 이내 PC에서 응시 가능합니다.
* 쿠폰 유효기간: 2026년 12월 31일까지

GSAT 기본서/실전서 인강
2만원 할인쿠폰

CDF7AC35K576D000

이용방법 **해커스잡 사이트(ejob.Hackers.com)** 접속 후 로그인 ▶ **사이트 메인 우측 상단 [나의정보]** 클릭 ▶ **[나의 쿠폰 - 쿠폰/수강권 등록]**에 위 쿠폰번호 입력 후 강의 결제 시 사용

* 해커스 삼성 GSAT 통합 기본서(종합) 강의 및 GSAT 실전모의고사 강의에 한해 사용 가능합니다.
* 본 쿠폰은 한 ID당 1회에 한해 등록 및 사용 가능합니다.
* 쿠폰 유효기간: 2026년 12월 31일까지

GSAT 문제풀이 용지(PDF)

K96AJL57K498034F

이용방법 **해커스잡 사이트(ejob.Hackers.com)** 접속 후 로그인 ▶ 사이트 메인 상단 **[교재정보 - 교재 무료자료]** 클릭 ▶ 교재 확인 후 이용하길 원하는 무료자료의 **[다운로드]** 버튼 클릭 ▶ 위 쿠폰번호 입력 후 다운로드

* 쿠폰 유효기간: 2026년 12월 31일까지

FREE

무료 바로 채점 및 성적 분석 서비스

▲ 바로 이용

이용방법 **해커스잡 사이트(ejob.Hackers.com)** 접속 후 로그인 ▶ 사이트 메인 상단 **[교재정보 - 교재 채점 서비스]** 클릭 ▶ 교재 확인 후 채점하기 버튼 클릭

* 사용기간: 2026년 12월 31일까지(ID당 1회에 한해 이용 가능)

* 그 외 모든 쿠폰 관련 문의는 해커스 고객센터(02-537-5000)로 연락 바랍니다.

해커스잡
취업교육 1위 해커스
주간동아 2024 한국고객만족도 교육(온·오프라인 취업) 1위
삼성 자소서/면접
권준영
GSAT 수리
김소원
GSAT 추리
복지훈
삼성 반도체 분야
김동민
삼성 채용 전형별 취업 전문 선생님의 맞춤 강좌!
해커스잡 삼성 합격
전 강좌 0원 패스
100%
수강료
100% 환급
GSAT 베스트셀러
TOP3 라인업
해커스잡
온라인 GSAT
모의고사 7종
해커스잡
삼성그룹
트렌드 자료집
GSAT 온라인
모의고사+자료집
[0원/환급] 미션 달성 시, 제세공과금 본인부담 [자료집] PDF/비매품
[베스트셀러 TOP3] 교보문고 취업/수험서 베스트셀러 삼성 분야(2023.04.04. 온라인 주간 베스트 기준)
상담 및 문의전화
02.537.5000
ejob.Hackers.com
해커스잡에서 최종합격 ▶

2025 최신판

해커스 GSAT

삼성직무적성검사

빠르게 끝내는 봉투모의고사

초판 1쇄 발행 2025년 2월 7일

지은이	해커스 GSAT 취업교육연구소
펴낸곳	㈜챔프스터디
펴낸이	챔프스터디 출판팀
주소	서울특별시 서초구 강남대로61길 23 ㈜챔프스터디
고객센터	02-537-5000
교재 관련 문의	publishing@hackers.com 해커스잡 사이트(ejob.Hackers.com) 교재 Q&A 게시판
학원 강의 및 동영상강의	ejob.Hackers.com
ISBN	978-89-6965-600-1 (13320)
Serial Number	01-01-01